Η απόλυτη εμπειρία Nacho

Πάνω από 100 ακαταμάχητες συνταγές για κάθε περίσταση. Ανακαλύψτε τον τέλειο συνδυασμό από τραγανά πατατάκια, αλμυρές γαρνιτούρες και τολμηρές γεύσεις για να δημιουργήσετε την απόλυτη εμπειρία Nachos

Ελένη Λιάπη

ΠΙΝΑΚΑΣ ΠΕΡΙΕΧΟΜΕΝΩΝ

ΣΥΜΠΕΡΑΣΜΑ

ΕΙΣΑΓΩΓΗ

Καλώς ήρθατε στο απόλυτο βιβλίο μαγειρικής nachos, όπου θα βρείτε όλα όσα χρειάζεστε για να δημιουργήσετε το τέλειο πιάτο nachos για κάθε περίσταση. Είτε διοργανώνετε ένα πάρτι, είτε αναζητάτε ένα γρήγορο και εύκολο σνακ είτε απλά λαχταράτε κάποιο νόστιμο comfort food, τα νάτσος είναι η τέλεια επιλογή.

Σε αυτό το βιβλίο, θα βρείτε πάνω από 100 ακαταμάχητες συνταγές νάτσος που σίγουρα θα ικανοποιήσουν τις λιγούρες σας. Από κλασικά νάτσος βοείου κρέατος και τυριού μέχρι δημιουργικές ανατροπές όπως κοτόπουλο μπάρμπεκιου ή φορτωμένη ψητή πατάτα, υπάρχει κάτι για όλους σε αυτές τις σελίδες.

Αλλά δεν είναι μόνο τα toppings - θα σας δείξουμε πώς να φτιάξετε τα δικά σας σπιτικά τσιπς για το απόλυτο τραγανό τραγανό, καθώς και νόστιμες σάλτσες και ντιπ για να ανεβείτε τα νάτσος σας στο επόμενο επίπεδο. Και με επιλογές για κάθε διατροφική προτίμηση, συμπεριλαμβανομένων των χορτοφαγικών και χωρίς γλουτένη, όλοι μπορούν να απολαύσουν αυτό το νόστιμο πιάτο.

Ετοιμαστείτε λοιπόν να ανακαλύψετε τον τέλειο συνδυασμό από τραγανά πατατάκια, αλμυρές επικαλύψεις και τολμηρές γεύσεις για να δημιουργήσετε την απόλυτη εμπειρία νάτσος. Με τις συμβουλές και τα κόλπα των ειδικών μας, θα φτιάξετε λαχταριστά νάτσο σε χρόνο μηδέν. Πάμε να μαγειρέψουμε!

νάτσος, βιβλίο μαγειρικής, συνταγές, πάρτι, σνακ, comfort food, μοσχαρίσιο κρέας, τυρί, κοτόπουλο μπάρμπεκιου, ψητή πατάτα, σπιτικά πατατάκια, τραγανό, τραγανό, σάλτσες, ντιπ, διατροφική προτίμηση, χορτοφαγική, χωρίς γλουτένη, συμβουλές ειδικών, λαχταριστά.

ΜΟΣΧΑΡΙ ΝΑΧΟΣ

1. Κλασικό μοσχαρίσιο νάτσος

1 κιλό μοσχαρίσιο κιμά
1 πακέτο καρυκεύματα taco
1 σακούλα τσιπς τορτίγιας
2 φλιτζάνια τριμμένο τυρί τσένταρ
1 φλιτζάνι ντομάτες κομμένες σε κύβους
1 φλιτζάνι κρεμμύδι ψιλοκομμένο
1 φλιτζάνι σάλσα
1/2 φλιτζάνι jalapenos σε φέτες
Προθερμάνετε το φούρνο στους 375°F. Ροδίζουμε τον κιμά σε ένα τηγάνι και προσθέτουμε το άρτυμα τάκο. Στρώνουμε τα τσιπς τορτίγιας σε ένα ταψί και από πάνω τον μοσχαρίσιο κιμά, το τυρί, τις ντομάτες, τα κρεμμύδια, τη σάλσα και τα jalapenos. Ψήνουμε για 10-15 λεπτά ή μέχρι να λιώσει το τυρί.

2. Camp Beef Nacho

- 1 κιλό μοσχαρίσιος κιμάς
- 1 λίβρα χύμα, ζεστό, χοιρινό λουκάνικο
- 2 lb τυρί Velveeta, σε κύβους
- 10 1/2 oz κρέμα μανιταρόσουπα
- 10 1/2 ουγκιές κομμένες ντομάτες και πράσινα τσίλι, κομμένα σε κύβους
- 2 ts Σκόρδο σε σκόνη
- 1 κσ μαύρο πιπέρι

a) Ροδίζουμε το κρέας και το λουκάνικο σε ολλανδικό φούρνο. διοχετεύω. Προσθέτουμε τα υπόλοιπα υλικά και ζεσταίνουμε μέχρι να λιώσει το βελουτέ. Ανακατέψτε καλά.

b) Συνεχίζουμε το ζέσταμα μέχρι το μείγμα να γίνει πολύ ζεστό. Σερβίρουμε με τσιπς τορτίγιας. Κάνει 8 κούπες ντιπ

3. Πλήρως φορτωμένο Βοδινό Nachos

ΣΥΣΤΑΤΙΚΑ

- Μοσχαρίσιος κιμάς (1 λίβρα, 0,45 κιλά)
- 1 μεγάλη σακούλα τσιπς τορτίγιας
- 1 πράσινη πιπεριά, ξεσποριασμένη και κομμένη σε κύβους
- Κρεμμύδια, κομμένα σε φέτες - ½ φλιτζάνι
- Κόκκινο κρεμμύδι, ξεφλουδισμένο και κομμένο σε κύβους - ½ φλιτζάνι
- Τυρί τσένταρ, τριμμένο - 3 φλιτζάνια
- Ξινή κρέμα, γκουακαμόλε, σάλσα – για σερβίρισμα

Κατευθύνσεις:

a) Σε ένα μαντεμένιο ταψί τοποθετήστε μια διπλή στρώση τσιπς τορτίγιας.
b) Σκορπίζουμε πάνω από τον κιμά, την πιπεριά, το κρεμμύδι, το κόκκινο κρεμμύδι και τέλος το τυρί τσένταρ.
c) Τοποθετήστε το μαντεμένιο τηγάνι στη σχάρα και μαγειρέψτε για περίπου 10 λεπτά μέχρι να λιώσει τελείως το τυρί.
d) Αφαιρέστε το γκριλ και σερβίρετε με κρέμα γάλακτος, γουακαμόλε και σάλσα στο πλάι.

4. **Tater tot nachos**

ΣΕΡΒΙΡΙΖΕΙ: 2

ΣΥΣΤΑΤΙΚΑ
- 2 μερίδες Tater Tots
- 6 ουγκιές. Μοσχαρίσιος κιμάς (80/20), μαγειρευτό
- 2 ουγκιές. Τυρί τσένταρ, τριμμένο
- 2 κ.σ. Κρέμα γάλακτος
- 6 Μαύρες ελιές κομμένες σε φέτες
- 1 κ.σ. Salsa
- 1/2 μέτρια πιπεριά Jalapeno, κομμένη σε φέτες

ΚΑΤΕΥΘΥΝΣΕΙΣ
1. Σε μια μικρή κατσαρόλα ή ένα μίνι μαντεμένιο τηγάνι, απλώστε 9-10 τάρτες.
2. Προσθέστε 1/2 κιμά και 1/2 από το τριμμένο τυρί. Ξεκινήστε τη δεύτερη στρώση με λιγότερα κουρελιασμένα, 1/2 από το υπόλοιπο μοσχαρίσιο κρέας και 1/2 από το υπόλοιπο τυρί. Επαναλάβετε με το τελευταίο από τα κουρελιασμένα. Ψήνουμε στο φούρνο για 4-5 λεπτά να λιώσει το τυρί.
3. Σερβίρουμε με jalapenos, κρέμα γάλακτος, μαύρες ελιές και salsa. Απολαμβάνω!

5. <u>Nachos στη σχάρα</u>

Συστατικό
● τριμμένο τυρί
● Ντομάτες
● καστανό βόειο κρέας
● Salsa

Κατευθύνσεις:
a) Απλώς στρώστε το ταψί σας με αλουμινόχαρτο και γεμίστε τα νάτσος σας. Προσθέστε ό,τι θέλετε από πάνω,
b) Σκεπάζουμε και αφήνουμε σε μέτρια προς χαμηλή φωτιά για λίγα λεπτά. Αποσύρουμε από τη φωτιά όταν λιώσει το τυρί και σερβίρουμε.

6. <u>Retox Nachos</u>

Κάνει: 3 μερίδες

ΣΥΣΤΑΤΙΚΑ
- ½ αβοκάντο, κομμένο σε κύβους
- 1 κουταλιά της σούπας έξτρα παρθένο ελαιόλαδο
- 2 φλιτζάνια baby σπανάκι
- ½ κιλό βιολογικό μοσχαρίσιο κιμά
- Ξινή κρέμα, jalapeños σε φέτες, φρέσκο κόλιανδρο, για γαρνίρισμα
- Τσιπς τορτίγιας μπλε σουσαμιού
- 2 σκελίδες σκόρδο, ψιλοκομμένες
- ½ λευκό κρεμμύδι, ψιλοκομμένο
- 1 ντομάτα, ψιλοκομμένη

ΟΔΗΓΙΕΣ
a) Ζεσταίνουμε το λάδι σε ένα τηγάνι σε μέτρια φωτιά.
b) Μαγειρέψτε το σκόρδο μέχρι να ροδίσει.
c) Προσθέστε το σπανάκι και μαγειρέψτε μέχρι να μαραθεί το σπανάκι για περίπου 5 λεπτά.
d) Αφήνω στην άκρη.
e) Προσθέστε κιμά στο ίδιο τηγάνι, σπάζοντας τον με μια ξύλινη κουτάλα καθώς ψήνεται.
f) Όταν γίνει το κρέας, το αφαιρούμε από το τηγάνι και το τοποθετούμε πάνω από το σπανάκι.
g) Σερβίρουμε με κρεμμύδι, ντομάτα και αβοκάντο από πάνω.
h) Γαρνίρουμε με κρέμα γάλακτος, jalapenos και κόλιανδρο.
i) Σερβίρουμε με τσιπς τορτίγιας.

7. Κορεάτικο βόειο κρέας Nachos

ΣΥΣΤΑΤΙΚΑ

1 κιλό μοσχαρίσιος κιμάς
2 κ.σ. σάλτσα σόγιας
1 κ.γ. κασταγή ζάχαρη
1 κ.γ. σησαμέλαιο
1/2 κουτ. σκόνη σκόρδου
1/2 κουτ. σκόνη κρεμμυδιού
1 σακούλα τσιπς τορτίγιας
1 φλιτζάνι τριμμένο τυρί τσένταρ
1 φλιτζάνι τριμμένο τυρί Monterey Jack
1/4 φλιτζάνι φρέσκα κρεμμυδάκια σε φέτες
1/4 φλιτζάνι ψιλοκομμένο φρέσκο κόλιανδρο

ΟΔΗΓΙΕΣ

Προθερμάνετε το φούρνο στους 375°F.

Σε ένα τηγάνι ροδίζουμε τον κιμά σε μέτρια προς δυνατή φωτιά. Στραγγίστε τυχόν περιττό λίπος.

Σε ένα μπολ ανακατεύουμε τη σάλτσα σόγιας, την κασταγή ζάχαρη, το σησαμέλαιο, τη σκόνη σκόρδου και το κρεμμύδι σε σκόνη. Προσθέστε το μοσχαρίσιο κρέας στο μπολ και ανακατέψτε.

Σε ένα ταψί απλώστε τα τσιπς τορτίγιας σε ένα μόνο στρώμα.

Πασπαλίστε τα τριμμένα τυριά πάνω από τα πατατάκια και στη συνέχεια με το μείγμα του βοείου κρέατος.

Ψήνουμε για 10-15 λεπτά ή μέχρι να λιώσει το τυρί και να αφρατέψει.

Από πάνω ρίχνουμε φρέσκα κρεμμυδάκια σε φέτες και ψιλοκομμένο κόλιαντρο.

8. **BBQ Beef Nachos**

ΣΥΣΤΑΤΙΚΑ

1 κιλό ψιλοκομμένο μαγειρεμένο μοσχαρίσιο ψαρονέφρι ή ψητό
1/2 φλιτζάνι σάλτσα μπάρμπεκιου
1 σακούλα τσιπς τορτίγιας
1 φλιτζάνι τριμμένο τυρί τσένταρ
1 φλιτζάνι τριμμένο τυρί Monterey Jack
1/4 φλιτζάνι κόκκινο κρεμμύδι σε κυβάκια
1/4 φλιτζάνι ψιλοκομμένο φρέσκο κόλιανδρο
Ξινή κρέμα για το σερβίρισμα

ΟΔΗΓΙΕΣ

Προθερμάνετε το φούρνο στους 375°F.

Σε ένα μπολ ανακατεύουμε το τριμμένο μοσχαρίσιο κρέας με τη σάλτσα BBQ.

Σε ένα ταψί απλώστε τα τσιπς τορτίγιας σε ένα μόνο στρώμα.

Πασπαλίστε τα τριμμένα τυριά πάνω από τα πατατάκια και στη συνέχεια με το μείγμα βοείου κρέατος BBQ.

Ψήνουμε για 10-15 λεπτά ή μέχρι να λιώσει το τυρί και να αφρατέψει.

Από πάνω βάζουμε κόκκινο κρεμμύδι και ψιλοκομμένο κόλιαντρο. Σερβίρουμε με κρέμα γάλακτος.

9. Spicy Beef Nachos

ΣΥΣΤΑΤΙΚΑ

1 κιλό μοσχαρίσιος κιμάς
1 κ.γ. τσίλι σε σκόνη
1 κουτ. κύμινο
1/2 κουτ. πάπρικα
1/4 κουτ. πιπέρι καγιέν
1/2 κουτ. άλας
1 σακούλα τσιπς τορτίγιας
1 φλιτζάνι τριμμένο τυρί τσένταρ
1 φλιτζάνι τριμμένο τυρί Monterey Jack
1/4 φλιτζάνι jalapeño σε κύβους
1/4 φλιτζάνι ψιλοκομμένο φρέσκο κόλιανδρο

ΟΔΗΓΙΕΣ

Προθερμάνετε το φούρνο στους 375°F.

Σε ένα τηγάνι ροδίζουμε τον κιμά σε μέτρια προς δυνατή φωτιά. Στραγγίστε τυχόν περιττό λίπος.

Σε ένα μπολ ανακατεύουμε τη σκόνη τσίλι, το κύμινο, την πάπρικα, το πιπέρι καγιέν και το αλάτι. Προσθέστε το μοσχαρίσιο κρέας στο μπολ και ανακατέψτε.

Σε ένα ταψί απλώστε τα τσιπς τορτίγιας σε ένα μόνο στρώμα.

Πασπαλίστε τα τριμμένα τυριά πάνω από τα πατατάκια και στη συνέχεια με το μείγμα του βοείου κρέατος.

Ψήνουμε για 10-15 λεπτά ή μέχρι να λιώσει το τυρί και να αφρατέψει.

Από πάνω βάζουμε jalapeño σε κύβους και ψιλοκομμένο κόλιαντρο.

10.   <u>Philly Cheese-steak Nachos</u>

ΣΥΣΤΑΤΙΚΑ

1 κιλό μοσχαρίσιο φιλέτο ή μπριζόλα σε λεπτές φέτες
2 κ.σ. ελαιόλαδο
1 κρεμμύδι σε κυβάκια
1 πράσινη πιπεριά κομμένη σε κύβους
1/4 φλιτζάνι μανιτάρια κομμένα σε φέτες
1 σακούλα τσιπς τορτίγιας
1 φλιτζάνι τυρί προβολόνε τριμμένο
1/4 φλιτζάνι ψιλοκομμένο φρέσκο μαϊντανό

ΟΔΗΓΙΕΣ

Προθερμάνετε το φούρνο στους 375°F.
Σε ένα τηγάνι ζεσταίνουμε το ελαιόλαδο σε μέτρια προς δυνατή
φωτιά. Προσθέστε το μοσχάρι κομμένο σε λεπτές φέτες και
μαγειρέψτε μέχρι να ροδίσει. Προσθέστε το κρεμμύδι κομμένο σε
κύβους, την πράσινη πιπεριά και τα μανιτάρια σε φέτες και
μαγειρέψτε μέχρι να μαλακώσουν.
Σε ένα ταψί απλώστε τα τσιπς τορτίγιας σε ένα μόνο στρώμα.
4. Πασπαλίστε το τριμμένο τυρί προβολόνε πάνω από τα
πατατάκια και στη συνέχεια με το μείγμα του βοείου κρέατος.

Ψήνουμε για 10-15 λεπτά ή μέχρι να λιώσει το τυρί και να
αφρατέψει.

Από πάνω βάζουμε φρέσκο μαϊντανό ψιλοκομμένο.

11. Μπριζόλα Νάτχος

ΣΥΣΤΑΤΙΚΑ

1 κιλό ψητή μπριζόλα, κομμένη σε λεπτές φέτες
1 σακούλα τσιπς τορτίγιας
1 φλιτζάνι τριμμένο τυρί τσένταρ
1 φλιτζάνι τριμμένο τυρί Monterey Jack
1/4 φλιτζάνι κόκκινο κρεμμύδι σε κυβάκια
1/4 φλιτζάνι ψιλοκομμένο φρέσκο κόλιανδρο
Ξινή κρέμα για το σερβίρισμα

ΟΔΗΓΙΕΣ

Προθερμάνετε το φούρνο στους 375°F.

Σε ένα ταψί απλώστε τα τσιπς τορτίγιας σε ένα μόνο στρώμα.

Πασπαλίστε τα ψιλοκομμένα τυριά πάνω από τα τσιπς και, στη συνέχεια, προσθέστε από πάνω την ψητή μπριζόλα.

Ψήνουμε για 10-15 λεπτά ή μέχρι να λιώσει το τυρί και να αφρατέψει.

Από πάνω βάζουμε κόκκινο κρεμμύδι και ψιλοκομμένο κόλιαντρο. Σερβίρουμε με κρέμα γάλακτος.

12.   <u>Beef and Bean Nachos</u>

ΣΥΣΤΑΤΙΚΑ

1 κιλό μοσχαρίσιος κιμάς
1 κονσέρβα μαύρα φασόλια, στραγγισμένα και ξεπλυμένα
1 κ.γ. τσίλι σε σκόνη
1 κουτ. κύμινο
1/2 κουτ. πάπρικα
1/4 κουτ. πιπέρι καγιέν
1/2 κουτ. άλας
1 σακούλα τσιπς τορτίγιας
1 φλιτζάνι τριμμένο τυρί τσένταρ
1 φλιτζάνι τριμμένο τυρί Monterey Jack
1/4 φλιτζάνι ψιλοκομμένο φρέσκο κόλιανδρο
Ξινή κρέμα για το σερβίρισμα

ΟΔΗΓΙΕΣ

Προθερμάνετε το φούρνο στους 375°F.

Σε ένα τηγάνι ροδίζουμε τον κιμά σε μέτρια προς δυνατή φωτιά. Στραγγίστε τυχόν περιττό λίπος.

Προσθέστε τα μαύρα φασόλια, τη σκόνη τσίλι, το κύμινο, την πάπρικα, το πιπέρι καγιέν και το αλάτι στο τηγάνι. Ανακατεύουμε να ενωθούν.

Σε ένα ταψί απλώστε τα τσιπς τορτίγιας σε ένα μόνο στρώμα.

Πασπαλίστε τα τριμμένα τυριά πάνω από τα τσιπς και στη συνέχεια με το μείγμα βοείου κρέατος και φασολιών.

Ψήνουμε για 10-15 λεπτά ή μέχρι να λιώσει το τυρί και να αφρατέψει.

Από πάνω βάζουμε φρέσκο κόλιανδρο ψιλοκομμένο. Σερβίρουμε με κρέμα γάλακτος.

13. <u>Taco Beef Nachos</u>

ΣΥΣΤΑΤΙΚΑ

1 κιλό μοσχαρίσιος κιμάς
1 κ.γ. τσίλι σε σκόνη
1 κουτ. κύμινο
1/2 κουτ. πάπρικα
1/4 κουτ. πιπέρι καγιέν
1/2 κουτ. άλας
1 σακούλα τσιπς τορτίγιας
1 φλιτζάνι τριμμένο τυρί τσένταρ
1 φλιτζάνι τριμμένο τυρί Monterey Jack
1/4 φλιτζάνι ντομάτες σε κύβους
1/4 φλιτζάνι κόκκινο κρεμμύδι σε κυβάκια
1/4 φλιτζάνι ψιλοκομμένο φρέσκο κόλιανδρο
Ξινή κρέμα για το σερβίρισμα

ΟΔΗΓΙΕΣ

Προθερμάνετε το φούρνο στους 375°F.

Σε ένα τηγάνι ροδίζουμε τον κιμά σε μέτρια προς δυνατή φωτιά. Στραγγίστε τυχόν περιττό λίπος.

Προσθέστε τη σκόνη τσίλι, το κύμινο, την πάπρικα, το πιπέρι καγιέν και το αλάτι στο τηγάνι. Ανακατεύουμε να ενωθούν.

Σε ένα ταψί απλώστε τα τσιπς τορτίγιας σε ένα μόνο στρώμα.

Πασπαλίστε τα ψιλοκομμένα τυριά πάνω από τα τσιπς και στη συνέχεια με το μείγμα μοσχάρι taco.

Ψήνουμε για 10-15 λεπτά ή μέχρι να λιώσει το τυρί και να αφρατέψει.

Ρίχνουμε από πάνω ντομάτες κομμένες σε κύβους, κόκκινο κρεμμύδι και ψιλοκομμένο κόλιαντρο. Σερβίρουμε με κρέμα γάλακτος.

14.   <u>Beef Fajita Nachos</u>

ΣΥΣΤΑΤΙΚΑ

1 κιλό μπριζόλα φούστας, κομμένη σε φέτες
1 κόκκινη πιπεριά, κομμένη σε φέτες
1 πράσινη πιπεριά, κομμένη σε φέτες
1/2 κρεμμύδι, κομμένο σε φέτες
1 σακούλα τσιπς τορτίγιας
1 φλιτζάνι τριμμένο τυρί τσένταρ
1/4 φλιτζάνι ψιλοκομμένο φρέσκο κόλιανδρο
Ξινή κρέμα για το σερβίρισμα

ΟΔΗΓΙΕΣ

Προθερμάνετε το φούρνο στους 375°F.
Σε ένα τηγάνι, μαγειρέψτε τη μπριζόλα της φούστας σε μέτρια προς δυνατή φωτιά μέχρι να ροδίσει. Βγάζετε από το τηγάνι και αφήνετε στην άκρη.
Στο ίδιο τηγάνι βράζουμε τις κόκκινες και πράσινες πιπεριές και το κρεμμύδι μέχρι να μαλακώσουν.
Σε ένα ταψί απλώστε τα τσιπς τορτίγιας σε ένα μόνο στρώμα. Πασπαλίστε το τριμμένο τυρί τσένταρ πάνω από τα πατατάκια, στη συνέχεια με το μείγμα βοείου κρέατος και πιπεριάς fajita. Ψήνουμε για 10-15 λεπτά ή μέχρι να λιώσει το τυρί και να αφρατέψει.
Από πάνω βάζουμε φρέσκο κόλιανδρο ψιλοκομμένο. Σερβίρουμε με κρέμα γάλακτος.

ΚΟΤΟΠΟΥΛΟ ΝΑΧΟΣ

15. Loaded Chicken Nachos

2 φλιτζάνια μαγειρεμένο και ψιλοκομμένο κοτόπουλο
1 σακούλα τσιπς τορτίγιας
2 φλιτζάνια τριμμένο τυρί τσένταρ
1 κουτί μαύρα φασόλια
1/2 φλιτζάνι κόκκινο κρεμμύδι σε κυβάκια
1/2 φλιτζάνι κόκκινη πιπεριά κομμένη σε κύβους
1/2 φλιτζάνι πράσινη πιπεριά κομμένη σε κύβους
1/4 φλιτζάνι κόλιαντρο ψιλοκομμένο
1/4 φλιτζάνι κρέμα γάλακτος
Στρώνουμε τα τσιπς τορτίγιας σε ένα ταψί και ρίχνουμε από πάνω το τριμμένο κοτόπουλο, το τυρί, τα μαύρα φασόλια, το κόκκινο κρεμμύδι, την κόκκινη πιπεριά, την πράσινη πιπεριά και τον κόλιανδρο. Ψήνουμε για 10-15 λεπτά ή μέχρι να λιώσει το τυρί. Περιχύνουμε με ξινή κρέμα πριν το σερβίρουμε.

16. Κατσαρόλα κοτόπουλου Nacho

ΣΥΣΤΑΤΙΚΑ

- 75 λίβρες. Μπούτια κοτόπουλου, χωρίς κόκαλα, χωρίς δέρμα
- 1 1/2 κουτ. Καρύκευμα τσίλι
- 2 κ.σ. Ελαιόλαδο
- 4 ουγκιές. Τυρί κρέμα
- 4 ουγκιές. Τυρί τσένταρ
- 1 φλιτζάνι πράσινα τσίλι και ντομάτες
- 3 κ.σ. Τυρί παρμεζάνα (~45 γρ.)
- 1/4 φλιτζάνι κρέμα γάλακτος
- 16 oz. συσκευασία Κατεψυγμένο κουνουπίδι
- 1 μέτρια πιπεριά Jalapeno
- Αλάτι και πιπέρι για γεύση

ΚΑΤΕΥΘΥΝΣΕΙΣ

1. Προθερμαίνουμε τον φούρνο στους 375 F. Χρησιμοποιώντας ένα ψαλίδι κουζίνας, ψιλοκόψτε το κοτόπουλο σε μπουκιές. Καρυκεύστε το κοτόπουλο με αλάτι, πιπέρι και καρυκεύματα τσίλι.

2. Σε μέτρια προς δυνατή φωτιά, βράζουμε το κοτόπουλο σε ελαιόλαδο μέχρι να ροδίσει από όλες τις πλευρές.

3. Προσθέστε το τυρί κρέμα, την κρέμα γάλακτος και τα 3/4 του τυριού τσένταρ στο chic-ken και στη συνέχεια ανακατέψτε μέχρι να λιώσουν και να αναμειχθούν. Προσθέστε τις ντομάτες και το πράσινο τσίλι και ανακατέψτε καλά.

4. Σε μια κατσαρόλα προσθέτουμε το μείγμα κοτόπουλου από το τηγάνι.

5. Φουρνίστε το κατεψυγμένο κουνουπίδι στο φούρνο μικροκυμάτων μέχρι να ψηθεί. Χρησιμοποιήστε ένα μπλέντερ εμβάπτισης για να ανακατέψετε με το υπόλοιπο τυρί σε μια υφή σαν πουρέ πατάτας. Αλατοπιπερώνουμε.

6. Κόψτε ένα jalapeno σε κομμάτια. Απλώστε το μείγμα κουνουπιδιού πάνω από την κατσαρόλα και, στη συνέχεια, πασπαλίστε πιπέρι jalapeno από πάνω. Ψήστε για 15-20 λεπτά ή μέχρι να πάρει λίγο χρώμα από πάνω και να ψηθούν τα jalapenos.

7. Κόβουμε σε φέτες και σερβίρουμε. Λίγο φρέσκο ψιλοκομμένο κόλιαντρο έχει υπέροχη γεύση από πάνω!

17. Buffalo Chicken Nachos

2 φλιτζάνια μαγειρεμένο και ψιλοκομμένο κοτόπουλο
1 σακούλα τσιπς τορτίγιας
2 φλιτζάνια τριμμένο τυρί Monterey Jack
1/2 φλιτζάνι σάλτσα βουβάλου
1/4 φλιτζάνι κόλιαντρο ψιλοκομμένο
1/4 φλιτζάνι σέλινο κομμένο σε κύβους
Στρώνουμε τα τσιπς τορτίγια σε ένα ταψί και από πάνω το τριμμένο κοτόπουλο, το τριμμένο τυρί, τη σάλτσα βουβάλου, τον κόλιανδρο και το σέλινο. Ψήνουμε για 10-15 λεπτά ή μέχρι να λιώσει το τυρί.

18. Ιταλός Nachos

Κάνει: 1

ΣΥΣΤΑΤΙΚΑ
ΣΑΛΤΣΑ ALFREDO
- 1 φλιτζάνι μισό και μισό
- 1 φλιτζάνι βαριά κρέμα
- 2 κουταλιές της σούπας ανάλατο βούτυρο
- 2 σκελίδες σκόρδο ψιλοκομμένες
- ½ φλιτζάνι παρμεζάνα
- Αλατοπίπερο
- 2 κουταλιές της σούπας αλεύρι

ΝΑΧΟΣ
- Περιτυλίγματα Wonton κομμένα σε τρίγωνα
- 1 Κοτόπουλο ψημένο και ψιλοκομμένο
- Πιπεριές σοτέ
- Τυρί μοτσαρέλα
- ελιές
- Μαϊντανός ψιλοκομμένος
- Παρμεζάνα
- Λάδι για το τηγάνισμα φυστικιών ή κανόλας

ΟΔΗΓΙΕΣ

a) Προσθέστε το ανάλατο βούτυρο σε μια κατσαρόλα και λιώστε σε μέτρια φωτιά.

b) Ανακατεύουμε το σκόρδο μέχρι να λιώσει όλο το βούτυρο.

c) Προσθέτουμε γρήγορα το αλεύρι και χτυπάμε συνεχώς μέχρι να ομογενοποιηθεί και να ροδίσει.

d) Σε ένα μπολ ανακατεύουμε την παχύρρευστη κρέμα και τη μισή-μισή.

e) Αφήνουμε να πάρει μια βράση, στη συνέχεια χαμηλώνουμε σε χαμηλή φωτιά και μαγειρεύουμε για 8-10 λεπτά ή μέχρι να πήξει.

f) Αλατοπιπερώνουμε.

g) Wontons: Ζεσταίνουμε το λάδι σε ένα μεγάλο τηγάνι σε μέτρια δυνατή φωτιά, περίπου ⅓ από τη διαδρομή προς τα πάνω.

h) Προσθέτουμε τα wontons ένα-ένα και τα ζεσταίνουμε μέχρι να ροδίσουν μόλις στο κάτω μέρος, στη συνέχεια αναποδογυρίζουμε και μαγειρεύουμε και την άλλη πλευρά.

i) Τοποθετήστε μια χαρτοπετσέτα πάνω από την αποχέτευση.

j) Προθερμαίνουμε τον φούρνο στους 350°F και στρώνουμε ένα ταψί με λαδόκολλα, ακολουθούμενα από τα wontons.

k) Προσθέστε τη σάλτσα Alfredo, το κοτόπουλο, τις πιπεριές και το τυρί μοτσαρέλα από πάνω.

l) Τοποθετήστε κάτω από το μπόιλερ στο φούρνο σας για 5-8 λεπτά ή μέχρι να λιώσει καλά το τυρί.

m) Βγάζουμε από το φούρνο και ρίχνουμε από πάνω ελιές, παρμεζάνα και μαϊντανό.

19. Κοτόπουλο Fajita Nachos

ΣΥΣΤΑΤΙΚΑ

2 στήθη κοτόπουλου, κομμένα σε λεπτές φέτες
2 κ.σ. ελαιόλαδο
1 κρεμμύδι σε κυβάκια
1 πράσινη πιπεριά κομμένη σε κύβους
1 σακούλα τσιπς τορτίγιας
1 φλιτζάνι τριμμένο τυρί τσένταρ
1 φλιτζάνι τριμμένο τυρί Monterey Jack
1 ντομάτα σε κύβους
1/4 φλιτζάνι ψιλοκομμένο φρέσκο κόλιανδρο
Ξινή κρέμα για το σερβίρισμα

ΟΔΗΓΙΕΣ

Προθερμάνετε το φούρνο στους 375°F.

Σε ένα τηγάνι ζεσταίνουμε το ελαιόλαδο σε μέτρια προς δυνατή φωτιά. Προσθέστε το στήθος κοτόπουλου κομμένο σε λεπτές φέτες και μαγειρέψτε μέχρι να ροδίσουν. Προσθέστε το κρεμμύδι σε κυβάκια και την πράσινη πιπεριά και μαγειρέψτε μέχρι να μαλακώσουν.

Σε ένα ταψί απλώστε τα τσιπς τορτίγιας σε ένα μόνο στρώμα.

Πασπαλίστε το μείγμα του κοτόπουλου πάνω από τα πατατάκια, στη συνέχεια με τα τριμμένα τυριά και την κομμένη ντομάτα.

Ψήνουμε για 10-15 λεπτά ή μέχρι να λιώσει το τυρί και να αφρατέψει.

Περιχύνουμε με ψιλοκομμένο κόλιαντρο και σερβίρουμε με κρέμα γάλακτος.

20.   Κλασικό κοτόπουλο Nachos

ΣΥΣΤΑΤΙΚΑ

2 φλιτζάνια μαγειρεμένο ψιλοκομμένο κοτόπουλο
1 σακούλα τσιπς τορτίγιας
1 φλιτζάνι τριμμένο τυρί τσένταρ
1 φλιτζάνι τριμμένο τυρί Monterey Jack
1/4 φλιτζάνι ντομάτες σε κύβους
1/4 φλιτζάνι κόκκινο κρεμμύδι σε κυβάκια
1/4 φλιτζάνι ψιλοκομμένο φρέσκο κόλιανδρο
Ξινή κρέμα για το σερβίρισμα

ΟΔΗΓΙΕΣ

Προθερμάνετε το φούρνο στους 375°F.

Σε ένα ταψί απλώστε τα τσιπς τορτίγιας σε ένα μόνο στρώμα.

Πασπαλίστε τα τριμμένα τυριά πάνω από τα πατατάκια και στη συνέχεια προσθέστε το ψημένο τριμμένο κοτόπουλο.

Ψήνουμε για 10-15 λεπτά ή μέχρι να λιώσει το τυρί και να αφρατέψει.

Ρίχνουμε από πάνω ντομάτες κομμένες σε κύβους, κόκκινο κρεμμύδι και ψιλοκομμένο κόλιαντρο. Σερβίρουμε με κρέμα γάλακτος.

21.   BBQ Chicken Nachos

ΣΥΣΤΑΤΙΚΑ

2 φλιτζάνια μαγειρεμένο ψιλοκομμένο κοτόπουλο
1/2 φλιτζάνι σάλτσα μπάρμπεκιου
1 σακούλα τσιπς τορτίγιας
1 φλιτζάνι τριμμένο τυρί τσένταρ
1/4 φλιτζάνι κόκκινο κρεμμύδι σε κυβάκια
1/4 φλιτζάνι ψιλοκομμένο φρέσκο κόλιανδρο
Ranch dressing για το σερβίρισμα

ΟΔΗΓΙΕΣ

Προθερμάνετε το φούρνο στους 375°F.

Σε ένα μπολ ανακατεύουμε το ψημένο ψιλοκομμένο κοτόπουλο με τη σάλτσα BBQ.

Σε ένα ταψί απλώστε τα τσιπς τορτίγιας σε ένα μόνο στρώμα.

Πασπαλίστε το τριμμένο τυρί τσένταρ πάνω από τα πατατάκια και, στη συνέχεια, προσθέστε το μείγμα κοτόπουλου BBQ.

Ψήνουμε για 10-15 λεπτά ή μέχρι να λιώσει το τυρί και να αφρατέψει.

Από πάνω βάζουμε κόκκινο κρεμμύδι και ψιλοκομμένο κόλιαντρο. Σερβίρετε με ντρέσινγκ ράντσο.

22. Κοτόπουλο Enchilada Nachos

ΣΥΣΤΑΤΙΚΑ

2 φλιτζάνια μαγειρεμένο ψιλοκομμένο κοτόπουλο
1 κουτί (10 oz.) κόκκινη σάλτσα enchilada
1 σακούλα τσιπς τορτίγιας
1 φλιτζάνι τριμμένο τυρί τσένταρ
1/4 φλιτζάνι κόκκινο κρεμμύδι σε κυβάκια
1/4 φλιτζάνι ψιλοκομμένο φρέσκο κόλιανδρο
Ξινή κρέμα για το σερβίρισμα

ΟΔΗΓΙΕΣ

Προθερμάνετε το φούρνο στους 375°F.

Σε ένα μπολ ανακατεύουμε το ψημένο ψιλοκομμένο κοτόπουλο με την κόκκινη σάλτσα enchilada.

Σε ένα ταψί απλώστε τα τσιπς τορτίγιας σε ένα μόνο στρώμα.

Πασπαλίστε το τριμμένο τυρί τσένταρ πάνω από τα πατατάκια, στη συνέχεια με το μείγμα κοτόπουλου και σάλτσας enchilada.

Ψήνουμε για 10-15 λεπτά ή μέχρι να λιώσει το τυρί και να αφρατέψει.

Από πάνω βάζουμε κόκκινο κρεμμύδι σε κυβάκια και φρέσκο κόλιανδρο ψιλοκομμένο. Σερβίρουμε με κρέμα γάλακτος.

23.   Κοτόπουλο Guacamole Nachos

ΣΥΣΤΑΤΙΚΑ

2 φλιτζάνια μαγειρεμένο ψιλοκομμένο κοτόπουλο
1/2 φλιτζάνι γκουακαμόλε
1 σακούλα τσιπς τορτίγιας
1 φλιτζάνι τριμμένο τυρί Monterey Jack
1/4 φλιτζάνι ντομάτες σε κύβους
1/4 φλιτζάνι κόκκινο κρεμμύδι σε κυβάκια
Ξινή κρέμα για το σερβίρισμα

ΟΔΗΓΙΕΣ

Προθερμάνετε το φούρνο στους 375°F.

Σε ένα ταψί απλώστε τα τσιπς τορτίγιας σε ένα μόνο στρώμα.

Πασπαλίστε το τριμμένο τυρί Monterey Jack πάνω από τα πατατάκια και στη συνέχεια προσθέστε το ψημένο τριμμένο κοτόπουλο.

Ψήνουμε για 10-15 λεπτά ή μέχρι να λιώσει το τυρί και να αφρατέψει.

Συμπληρώστε με κουκλάκια γουακαμόλε, ντομάτες κομμένες σε κύβους και κόκκινο κρεμμύδι κομμένο σε κύβους. Σερβίρουμε με κρέμα γάλακτος.

24. Κοτόπουλο Taco Nachos

ΣΥΣΤΑΤΙΚΑ

2 φλιτζάνια μαγειρεμένο ψιλοκομμένο κοτόπουλο
1 πακέτο καρυκεύματα taco
1 σακούλα τσιπς τορτίγιας
1 φλιτζάνι τριμμένο τυρί τσένταρ
1/4 φλιτζάνι ντομάτες σε κύβους
1/4 φλιτζάνι κόκκινο κρεμμύδι σε κυβάκια
Ξινή κρέμα για το σερβίρισμα

ΟΔΗΓΙΕΣ

Προθερμάνετε το φούρνο στους 375°F.

Σε ένα μπολ ανακατεύουμε το ψημένο ψιλοκομμένο κοτόπουλο με το άρτυμα τάκο.

Σε ένα ταψί απλώστε τα τσιπς τορτίγιας σε ένα μόνο στρώμα.

Πασπαλίστε το τριμμένο τυρί τσένταρ πάνω από τα πατατάκια και στη συνέχεια προσθέστε το μείγμα καρυκευμάτων κοτόπουλου και taco.

Ψήνουμε για 10-15 λεπτά ή μέχρι να λιώσει το τυρί και να αφρατέψει.

Από πάνω ρίχνουμε τις ντομάτες σε κύβους και το κόκκινο κρεμμύδι σε κυβάκια. Σερβίρουμε με κρέμα γάλακτος.

25.   <u>Κοτόπουλο τσίλι Nachos</u>

ΣΥΣΤΑΤΙΚΑ

2 φλιτζάνια μαγειρεμένο ψιλοκομμένο κοτόπουλο
1 κονσέρβα (15 oz.) τσίλι με φασόλια
1 σακούλα τσιπς τορτίγιας
1 φλιτζάνι τριμμένο τυρί τσένταρ
1/4 φλιτζάνι κόκκινο κρεμμύδι σε κυβάκια
Ξινή κρέμα για το σερβίρισμα

ΟΔΗΓΙΕΣ

Προθερμάνετε το φούρνο στους 375°F.

Σε μια κατσαρόλα ζεσταίνουμε το τσίλι με τα φασόλια.

Σε ένα ταψί απλώστε τα τσιπς τορτίγιας σε ένα μόνο στρώμα.

Πασπαλίστε το τριμμένο τυρί τσένταρ πάνω από τα πατατάκια και στη συνέχεια με το ψημένο τριμμένο κοτόπουλο.

Ρίχνουμε το ζεσταμένο τσίλι με τα φασόλια πάνω από το κοτόπουλο και το τυρί.

Ψήνουμε για 10-15 λεπτά ή μέχρι να λιώσει το τυρί και να αφρατέψει.

Από πάνω βάζουμε κόκκινο κρεμμύδι σε κυβάκια. Σερβίρουμε με κρέμα γάλακτος.

26. <u>Chicken Bacon Ranch Nachos</u>

ΣΥΣΤΑΤΙΚΑ

2 φλιτζάνια μαγειρεμένο ψιλοκομμένο κοτόπουλο
1/2 φλιτζάνι ντρέσινγκ ράντσο
1 σακούλα τσιπς τορτίγιας
1 φλιτζάνι τριμμένο τυρί τσένταρ
1/4 φλιτζάνι μπέικον θρυμματισμένο
1/4 φλιτζάνι ψιλοκομμένο φρέσκο μαϊντανό

ΟΔΗΓΙΕΣ

Προθερμάνετε το φούρνο στους 375°F.
Σε ένα μπολ ανακατεύουμε το μαγειρεμένο τριμμένο κοτόπουλο με το ντρέσινγκ ράντσο.
Σε ένα ταψί απλώστε τα τσιπς τορτίγιας σε ένα μόνο στρώμα.
Πασπαλίστε το τριμμένο τυρί τσένταρ πάνω από τα πατατάκια και, στη συνέχεια, προσθέστε από πάνω το μείγμα κοτόπουλου και ντρέσινγκ ράντσο.
5. Πασπαλίζουμε από πάνω το θρυμματισμένο μπέικον.

Ψήνουμε για 10-15 λεπτά ή μέχρι να λιώσει το τυρί και να αφρατέψει.

Από πάνω βάζουμε φρέσκο μαϊντανό ψιλοκομμένο.

27.   Αβοκάντο κοτόπουλο Nachos

ΣΥΣΤΑΤΙΚΑ

2 φλιτζάνια μαγειρεμένο ψιλοκομμένο κοτόπουλο
1 σακούλα τσιπς τορτίγιας
1 φλιτζάνι τριμμένο τυρί πιπέρι jack
1 αβοκάντο, κομμένο σε κύβους
1/4 φλιτζάνι κόκκινο κρεμμύδι σε κυβάκια
1/4 φλιτζάνι ψιλοκομμένο φρέσκο κόλιανδρο
Σφήνες λάιμ για το σερβίρισμα

ΟΔΗΓΙΕΣ

Προθερμάνετε το φούρνο στους 375°F.

Σε ένα ταψί απλώστε τα τσιπς τορτίγιας σε ένα μόνο στρώμα.

Πασπαλίστε το τριμμένο τυρί πιπέρι jack πάνω από τα πατατάκια και, στη συνέχεια, προσθέστε από πάνω το ψημένο τριμμένο κοτόπουλο.

Ψήνουμε για 10-15 λεπτά ή μέχρι να λιώσει το τυρί και να αφρατέψει.

Από πάνω βάζουμε αβοκάντο κομμένο σε κύβους, κόκκινο κρεμμύδι κομμένο σε κύβους και φρέσκο κόλιαντρο ψιλοκομμένο.

Σερβίρουμε με φέτες λάιμ στο πλάι.

28.   Ελληνικό Κοτόπουλο Nachos

ΣΥΣΤΑΤΙΚΑ

2 φλιτζάνια μαγειρεμένο ψιλοκομμένο κοτόπουλο
1 σακούλα πατατάκια πίτας
1 φλιτζάνι τυρί φέτα θρυμματισμένη
1/2 φλιτζάνι αγγούρι κομμένο σε κύβους
1/4 φλιτζάνι κόκκινο κρεμμύδι σε κυβάκια
1/4 φλιτζανιού ελιές Καλαμών ψιλοκομμένες
1/4 φλιτζάνι ψιλοκομμένο φρέσκο μαϊντανό
1/4 φλιτζάνι σάλτσα τζατζίκι για το σερβίρισμα
ΟΔΗΓΙΕΣ

Προθερμάνετε το φούρνο στους 375°F.
Σε ένα ταψί απλώστε τα πατατάκια πίτας σε ένα μόνο στρώμα.
Πασπαλίστε τη φέτα θρυμματισμένη πάνω από τα τσιπς και στη συνέχεια με το ψημένο κοτόπουλο τριμμένο.
Ψήνουμε για 10-15 λεπτά ή μέχρι να λιώσει το τυρί και να αφρατέψει.
Περιχύνουμε με αγγούρι κομμένο σε κύβους, κόκκινο κρεμμύδι, ψιλοκομμένες ελιές Καλαμών και φρέσκο μαϊντανό ψιλοκομμένο.
Σερβίρουμε με σάλτσα τζατζίκι στο πλάι.

29.   Teriyaki Chicken Nachos

ΣΥΣΤΑΤΙΚΑ

2 φλιτζάνια μαγειρεμένο ψιλοκομμένο κοτόπουλο
1/4 φλιτζάνι σάλτσα teriyaki
1 σακούλα τσιπς τορτίγιας
1 φλιτζάνι τριμμένο τυρί Monterey Jack
1/4 φλιτζάνι φρέσκο κρεμμύδι σε κυβάκια
Σουσάμι για το σερβίρισμα

ΟΔΗΓΙΕΣ

Προθερμάνετε το φούρνο στους 375°F.

Σε ένα μπολ ανακατεύουμε το μαγειρεμένο ψιλοκομμένο κοτόπουλο με τη σάλτσα teriyaki.

Σε ένα ταψί απλώστε τα τσιπς τορτίγιας σε ένα μόνο στρώμα.

Πασπαλίστε το τριμμένο τυρί Monterey Jack πάνω από τα πατατάκια, στη συνέχεια με το μείγμα κοτόπουλου και σάλτσας teriyaki.

Ψήνουμε για 10-15 λεπτά ή μέχρι να λιώσει το τυρί και να αφρατέψει.

Από πάνω βάζουμε πράσινο κρεμμύδι και σουσάμι σε κυβάκια.

30. Caprese Chicken Nachos

ΣΥΣΤΑΤΙΚΑ

2 φλιτζάνια μαγειρεμένο ψιλοκομμένο κοτόπουλο
1 σακούλα πατατάκια πίτας
1 φλιτζάνι τριμμένο τυρί μοτσαρέλα
1 ντομάτα σε κύβους
1/4 φλιτζάνι φρέσκο βασιλικό ψιλοκομμένο
Βαλσάμικο γλάσο για το σερβίρισμα

ΟΔΗΓΙΕΣ

Προθερμάνετε το φούρνο στους 375°F.

Σε ένα ταψί απλώστε τα πατατάκια πίτας σε ένα μόνο στρώμα.

Πασπαλίστε το τριμμένο τυρί μοτσαρέλα πάνω από τα τσιπς, στη συνέχεια με το ψημένο τριμμένο κοτόπουλο.

Ψήνουμε για 10-15 λεπτά ή μέχρι να λιώσει το τυρί και να αφρατέψει.

Από πάνω βάζουμε ντομάτα σε κύβους και φρέσκο βασιλικό ψιλοκομμένο.

Περιχύνετε με γλάσο βαλσάμικο πριν το σερβίρετε.

31.   Κορεάτικο BBQ Chicken Nachos

ΣΥΣΤΑΤΙΚΑ

2 φλιτζάνια μαγειρεμένο ψιλοκομμένο κοτόπουλο
1/4 φλιτζάνι κορεάτικη σάλτσα μπάρμπεκιου
1 σακούλα τσιπς τορτίγιας
1 φλιτζάνι τριμμένο τυρί πιπέρι jack
1/4 φλιτζάνι κόκκινο κρεμμύδι σε κυβάκια
1/4 φλιτζάνι ψιλοκομμένο φρέσκο κόλιανδρο
Sriracha mayo για το σερβίρισμα

ΟΔΗΓΙΕΣ

Προθερμάνετε το φούρνο στους 375°F.

Σε ένα μπολ, ανακατέψτε το μαγειρεμένο τριμμένο κοτόπουλο με την κορεάτικη σάλτσα BBQ.

Σε ένα ταψί απλώστε τα τσιπς τορτίγιας σε ένα μόνο στρώμα.

Πασπαλίστε το τριμμένο τυρί πιπέρι jack πάνω από τα πατατάκια και, στη συνέχεια, προσθέστε το μείγμα με το κοτόπουλο και την κορεατική σάλτσα μπάρμπεκιου.

Ψήνουμε για 10-15 λεπτά ή μέχρι να λιώσει το τυρί και να αφρατέψει.

Από πάνω βάζουμε κόκκινο κρεμμύδι σε κυβάκια και φρέσκο κόλιανδρο ψιλοκομμένο.

Περιχύστε με sriracha mayo πριν το σερβίρετε.

ΧΟΙΡΙΝΟ ΝΑΧΟΣ

32. Τραβηγμένο Χοιρινό Νάτχος

2 φλιτζάνια μαγειρεμένο και τριμμένο χοιρινό κρέας
1 σακούλα τσιπς τορτίγιας
2 φλιτζάνια τριμμένο τυρί Monterey Jack
1 φλιτζάνι σάλτσα μπάρμπεκιου
1/2 φλιτζάνι κόκκινο κρεμμύδι σε κυβάκια
1/2 φλιτζάνι ανανά κομμένο σε κύβους
1/4 φλιτζάνι κόλιαντρο ψιλοκομμένο

Στρώνουμε τα τσιπς τορτίγιας σε ένα ταψί και από πάνω το χοιρινό κρέας, το τυρί, τη σάλτσα BBQ, το κόκκινο κρεμμύδι και τον ανανά. Ψήνουμε για 10-15 λεπτά ή μέχρι να λιώσει το τυρί. Πασπαλίστε με κόλιαντρο πριν το σερβίρετε.

33. Πρωινό Bacon Nachos

1 σακούλα τσιπς τορτίγιας
2 φλιτζάνια τριμμένο τυρί τσένταρ
4 αυγά ομελέτα
4 φέτες ψημένο μπέικον, ψιλοκομμένες
1/2 φλιτζάνι ντομάτα κομμένη σε κύβους
1/4 φλιτζάνι ψιλοκομμένο φρέσκο κρεμμύδι
1/4 φλιτζάνι κρέμα γάλακτος
Στρώνουμε τα τσιπς τορτίγιας σε ένα ταψί και ρίχνουμε από
πάνω το τριμμένο τυρί, τα αυγά ομελέτα, το ψιλοκομμένο
μπέικον, την κομμένη ντομάτα και το πράσινο κρεμμύδι.
Ψήνουμε για 10-15 λεπτά ή μέχρι να λιώσει το τυρί.
Περιχύνουμε με ξινή κρέμα πριν το σερβίρουμε.

34. Χαβάης Nachos

1 σακούλα τσιπς τορτίγιας

2 φλιτζάνια τριμμένο τυρί μοτσαρέλα

1 φλιτζάνι ζαμπόν σε κύβους

1 φλιτζάνι ανανά κομμένο σε κύβους

1/2 φλιτζάνι κόκκινο κρεμμύδι σε κυβάκια

1/4 φλιτζάνι κόλιαντρο ψιλοκομμένο

Στρώνουμε τα τσιπς τορτίγια σε ένα ταψί και από πάνω ρίχνουμε το τριμμένο τυρί μοτσαρέλα, το ζαμπόν κομμένο σε κύβους, τον ανανά κομμένο σε κύβους, το κόκκινο κρεμμύδι και τον κόλιανδρο. Ψήνουμε για 10-15 λεπτά ή μέχρι να λιώσει το τυρί.

35. Χοιρινό Μέλι-Λιμ Νάτχος

Κάνει: 8

ΣΥΣΤΑΤΙΚΑ

- 1½ κιλό χοιρινό φιλέτο χωρίς κόκαλα, κομμένο
- 1¼ κουταλάκι του γλυκού αλάτι kosher
- 3 κουταλιές της σούπας μέλι
- 3 κουταλιές της σούπας φρέσκο χυμό λάιμ
- 1 κουταλιά της σούπας σκόρδο σε φέτες
- 8 ουγγιές ψημένα πολύσπορα τσιπς τορτίγιας
- 4 ουγγιές πιπέρι τυρί Jack, τριμμένο
- ½ φλιτζάνι ντομάτα κομμένη σε κύβους
- ⅓ φλιτζάνι κόκκινο κρεμμύδι σε λεπτές φέτες
- ¼ φλιτζάνι ψιλοκομμένο φρέσκο κόλιανδρο
- ⅓ φλιτζάνι κρέμα γάλακτος με μειωμένα λιπαρά
- 2 κουταλιές της σούπας πλήρες γάλα
- 8 σφήνες ασβέστη

ΟΔΗΓΙΕΣ

a) Πασπαλίζουμε το χοιρινό με 1 κουταλάκι του γλυκού αλάτι και το βάζουμε σε ένα κατσαρολάκι. Περιχύστε με μέλι και χυμό λάιμ. από πάνω τις φέτες σκόρδου.

b) Μαγειρέψτε αργά έως ότου ένα θερμόμετρο που έχει τοποθετηθεί στο παχύτερο μέρος του χοιρινού κρέατος καταγράψει 140°F, 2 έως 3 ώρες.

c) Μεταφέρετε το χοιρινό σε μια σανίδα κοπής, κρατώντας τις σταλαγματιές στο Crockpot. αφήνουμε το χοιρινό να ξεκουραστεί για 10 λεπτά. Κόψτε το χοιρινό σε μικρούς κύβους και ρίξτε το με τις κρατημένες σταγόνες στο Crockpot.

d) Τοποθετήστε τα πατατάκια σε ομοιόμορφη στρώση σε ένα φύλλο ψησίματος και από πάνω το χοιρινό και το τυρί.

e) Ψήνουμε μέχρι να λιώσει το τυρί, περίπου 4 λεπτά. Συμπληρώστε με την ντομάτα, το κρεμμύδι, τον κόλιαντρο και το υπόλοιπο ¼ κουταλάκι του γλυκού αλάτι.

f) Συνδυάστε την κρέμα γάλακτος και το γάλα και περιχύστε τα νάτσος.

g) Σερβίρουμε με φέτες λάιμ.

36. Καραϊβικός Nachos

Συστατικά
- 1 συσκευασία τσιπς τορτίγιας (16 ουγκιές).
- 1 κόκκινη πιπεριά κομμένη σε κύβους
- 1 ματσάκι φρέσκα κρεμμυδάκια, ψιλοκομμένα
- 1 αβοκάντο - ξεφλουδισμένο, χωρίς κουκούτσι και κομμένο σε κύβους
- 1/2 ανανά, καθαρισμένο και κομμένο
- 8 χοντρές φέτες μπέικον
- 3/4 φλιτζάνι μαρινάδα καραϊβικής
- 1 κιλό γαρίδες ψημένες, καθαρισμένες
- 1/2 λίβρα τυρί τζακ Monterey

Κατευθύνσεις

a) Στρώνουμε τα πατατάκια σε ένα δίσκο ή φύλλο μπισκότων. Τακτοποιήστε την κόκκινη πιπεριά, την πορτοκαλί πιπεριά, το κρεμμύδι, το αβοκάντο και τον ανανά μαζί με τα πατατάκια.

b) Τοποθετήστε το μπέικον σε ένα μεγάλο, βαθύ τηγάνι. Μαγειρέψτε σε μέτρια προς δυνατή φωτιά μέχρι να γίνει ομοιόμορφα τραγανό. στραγγίζουμε σε πιατέλα στρωμένη με χαρτί κουζίνας.

c) Ρίξτε τη μαρινάδα σε μια κατσαρόλα σε μέτρια φωτιά. Μαγειρέψτε, ανακατεύοντας συνεχώς, πριν η μαρινάδα γίνει μια παχιά κολλώδης σύσταση, περίπου τρία λεπτά. Προσθέστε τις γαρίδες και ανακατέψτε να επικαλυφθεί. μαγειρέψτε πριν οι γαρίδες είναι ζεστές. Σκορπίστε τις γαρίδες πάνω από τα νάτσος. από πάνω με τυρί Monterrey Jack και κόλιανδρο.

d) Τοποθετήστε τα νάτσος στο φούρνο πριν λιώσει το τυρί, περίπου 7 λεπτά.

37.   <u>Loaded BBQ Pork Nachos</u>

ΣΥΣΤΑΤΙΚΑ

2 φλιτζάνια ψιλοκομμένο χοιρινό κρέας
1/4 φλιτζάνι σάλτσα μπάρμπεκιου
1 σακούλα τσιπς τορτίγιας
1 φλιτζάνι τριμμένο τυρί τσένταρ
1 φλιτζάνι τριμμένο τυρί Monterey Jack
1 κόκκινο κρεμμύδι σε κυβάκια
1/4 φλιτζάνι ψιλοκομμένο φρέσκο κόλιανδρο
Ξινή κρέμα για το σερβίρισμα

ΟΔΗΓΙΕΣ

Προθερμάνετε το φούρνο στους 375°F.

Σε ένα μπολ ανακατεύουμε το τριμμένο χοιρινό με τη σάλτσα μπάρμπεκιου μέχρι να επικαλυφθεί.

Σε ένα ταψί απλώστε τα τσιπς τορτίγιας σε ένα μόνο στρώμα.

Πασπαλίστε το τραβηγμένο χοιρινό πάνω από τα πατατάκια, στη συνέχεια με τα τριμμένα τυριά και το κόκκινο κρεμμύδι κομμένο σε κύβους.

Ψήνουμε για 10-15 λεπτά ή μέχρι να λιώσει το τυρί και να αφρατέψει.

Περιχύνουμε με φρέσκο κόλιανδρο και σερβίρουμε με κρέμα γάλακτος.

ΛΑΧΑΝΙΚΑ ΝΑΧΟΣ

38. Λαχανικά και Cheddar Nachos

1 σακούλα τσιπς τορτίγιας
2 φλιτζάνια τριμμένο τυρί τσένταρ
1 κουτί μαύρα φασόλια
1 κόκκινη πιπεριά κομμένη σε κύβους
1 πράσινη πιπεριά κομμένη σε κύβους
1/2 φλιτζάνι κρεμμύδι κομμένο σε κύβους
1/2 φλιτζάνι ντομάτα κομμένη σε κύβους
1/4 φλιτζάνι κόλιαντρο ψιλοκομμένο

Στρώνουμε τα τσιπς τορτίγιας σε ένα ταψί και ρίχνουμε από πάνω το τριμμένο τυρί, τα μαύρα φασόλια, την κόκκινη πιπεριά, την πράσινη πιπεριά, το κρεμμύδι και την ντομάτα. Ψήνουμε για 10-15 λεπτά ή μέχρι να λιώσει το τυρί. Πασπαλίστε με κόλιαντρο πριν το σερβίρετε.

39. Νάτχος λαχανικών

Μερίδες: 3

ΣΥΣΤΑΤΙΚΑ
⬚8 ουγγιές τσιπς τορτίγιας
⬚½ φλιτζάνι ψητό κοτόπουλο
⬚1 κονσέρβα Μαύρα φασόλια, στραγγισμένα, ξεπλυμένα
⬚1 φλιτζάνι Λευκό queso
⬚½ φλιτζάνι ντοματίνια, κομμένα στη μέση
⬚⅓ φλιτζάνι Πράσινο κρεμμύδι, κομμένο σε κύβους

Κατευθύνσεις:
1.Χρησιμοποιήστε αλουμινόχαρτο για να επενδύσετε το καλάθι με τηγανητά αέρα.
2. Χρησιμοποιώντας ένα αντικολλητικό σπρέι, στρώστε την επιφάνεια.
3. Συναρμολογήστε τα νάτσος στρώνοντας από πάνω τα πατατάκια, το κοτόπουλο και τα φασόλια.
4. Τοποθετήστε μια στρώση queso από πάνω.
5. Προσθέστε τις ντομάτες και τα κρεμμύδια στην κορυφή.
6. Ενεργοποιήστε το Ninja Foodi Digital Air Fryer Oven και περιστρέψτε το κουμπί για να επιλέξετε "Air Fry".
7.Επιλέξτε το χρονόμετρο για 5 λεπτά και τη θερμοκρασία για 355 °F.
8. Αφαιρέστε από τον φούρνο Ninja Foodi Digital Air Fryer Fryer για να το σερβίρετε.

40. Nachos γλυκοπατάτας

Κάνει: 6

ΣΥΣΤΑΤΙΚΑ
- 1 κουταλιά της σούπας ελαιόλαδο
- ⅓ φλιτζάνι ψιλοκομμένη ντομάτα
- ⅓ φλιτζάνι ψιλοκομμένο αβοκάντο
- 1 κουταλάκι του γλυκού τσίλι σε σκόνη
- 1 κουταλάκι του γλυκού σκόνη σκόρδου
- 3 γλυκοπατάτες
- 1 ½ κουταλάκι του γλυκού πάπρικα
- ⅓ φλιτζάνι τριμμένο τυρί Cheddar με μειωμένα λιπαρά

ΟΔΗΓΙΕΣ
a) Προθερμαίνουμε το φούρνο στους 425 βαθμούς Φαρενάιτ. Καλύψτε τα ταψιά με αντικολλητικό μαγειρικό σπρέι και σκεπάστε τα με αλουμινόχαρτο.
b) Ξεφλουδίστε και κόψτε σε λεπτές φέτες τις γλυκοπατάτες σε κύκλους 14 ιντσών.
c) Ρίξτε τους γύρους με ελαιόλαδο, σκόνη τσίλι, σκόρδο σε σκόνη και πάπρικα.
d) Απλώνουμε ισόποσα στο προθερμασμένο τηγάνι και ψήνουμε για 25 λεπτά, αναποδογυρίζοντας τα μισά του χρόνου ψησίματος μέχρι να γίνει τραγανό.
e) Βγάζουμε το τηγάνι από το φούρνο και ρίχνουμε πάνω τις γλυκοπατάτες με φασόλια και τυρί.
f) Ψήνουμε για άλλα 2 λεπτά μέχρι να λιώσει το τυρί.
g) Ρίξτε μέσα την ντομάτα και το αβοκάντο. Σερβίρισμα.

41.   Loaded Potato Skin Nachos

ΣΥΣΤΑΤΙΚΑ

4 πατάτες σκουριάς
2 κ.σ. ελαιόλαδο
1 σακούλα τσιπς τορτίγιας
1 φλιτζάνι τριμμένο τυρί τσένταρ
1 φλιτζάνι τριμμένο τυρί Monterey Jack
6 λωρίδες ψημένο μπέικον, θρυμματισμένο
1/4 φλιτζάνι φρέσκα κρεμμυδάκια σε φέτες
1/4 φλιτζάνι κρέμα γάλακτος

ΟΔΗΓΙΕΣ

Προθερμάνετε το φούρνο στους 375°F.

Πλένουμε και στεγνώνουμε τις πατάτες και στη συνέχεια τρυπάμε με ένα πιρούνι παντού. Τρίψτε με ελαιόλαδο και βάλτε το σε ταψί. Ψήνουμε για 45-60 λεπτά ή μέχρι να μαλακώσουν.

Κόψτε τις πατάτες στη μέση κατά μήκος και αφαιρέστε τη σάρκα, αφήνοντας ένα λεπτό στρώμα πατάτας στη φλούδα.

Σε ένα ταψί απλώστε τα τσιπς τορτίγιας σε ένα μόνο στρώμα. Τοποθετήστε τις φλούδες πατάτας πάνω από τα πατατάκια.

Πασπαλίστε τα τριμμένα τυριά και το θρυμματισμένο μπέικον πάνω από τις φλούδες και τα πατατάκια.

Ψήνουμε για 10-15 λεπτά ή μέχρι να λιώσει το τυρί και να αφρατέψει.

Περιχύνουμε με φρέσκα κρεμμυδάκια σε φέτες και κούκλες κρέμα γάλακτος.

42. Βέγκι Νάτχος

ΣΥΣΤΑΤΙΚΑ

1 κονσέρβα μαύρα φασόλια, στραγγισμένα και ξεπλυμένα
1 κονσέρβα καλαμπόκι, στραγγισμένο
1 σακούλα τσιπς τορτίγιας
1 φλιτζάνι τριμμένο τυρί τσένταρ
1 φλιτζάνι τριμμένο τυρί Monterey Jack
1 ντομάτα σε κύβους
1 jalapeño σε κύβους
1/4 φλιτζάνι μαύρες ελιές κομμένες σε φέτες
1/4 φλιτζάνι ψιλοκομμένο φρέσκο κόλιανδρο
Salsa, κρέμα γάλακτος και guacamole για το σερβίρισμα

ΟΔΗΓΙΕΣ

Προθερμάνετε το φούρνο στους 375°F.
Σε ένα ταψί απλώστε τα τσιπς τορτίγιας σε ένα μόνο στρώμα.
Ρίξτε τα μαύρα φασόλια και το καλαμπόκι πάνω από τα
πατατάκια, στη συνέχεια προσθέστε τα τριμμένα τυριά, την
κομμένη ντομάτα, το jalapeño και τις μαύρες ελιές.
4. Ψήνουμε για 10-15 λεπτά, ή μέχρι να λιώσει το τυρί και να
αφρατέψει.

Περιχύνουμε με φρέσκο κόλιανδρο και σερβίρουμε με σάλσα,
κρέμα γάλακτος και γκουακαμόλε.

43. <u>Ελληνικό λαχανικό Nachos</u>

ΣΥΣΤΑΤΙΚΑ

1 σακούλα πατατάκια πίτας
1 φλιτζάνι τυρί φέτα θρυμματισμένη
1 φλιτζάνι αγγούρι κομμένο σε κύβους
1 φλιτζάνι ντομάτα κομμένη σε κύβους
1/4 φλιτζάνι ελιές καλαμάτας κομμένες σε φέτες
1/4 φλιτζάνι ψιλοκομμένο φρέσκο μαϊντανό
Σάλτσα τζατζίκι για το σερβίρισμα

ΟΔΗΓΙΕΣ

Προθερμάνετε το φούρνο στους 375°F.
Σε ένα ταψί απλώστε τα πατατάκια πίτας σε ένα μόνο στρώμα.
Πασπαλίζουμε με τη θρυμματισμένη φέτα τα τσιπς και στη συνέχεια προσθέτουμε το αγγούρι και την ντομάτα σε κύβους.
Πασπαλίζουμε τις ελιές καλαμάτας κομμένες σε φέτες πάνω από τα νάτσος.
Ψήνουμε για 10-15 λεπτά ή μέχρι να λιώσει το τυρί και να αφρατέψει.
Περιχύνουμε με ψιλοκομμένο μαϊντανό και σερβίρουμε με σάλτσα τζατζίκι.

ΦΑΣΟΛΙ ΝΑΧΟΣ

44. Φόρτωσε το Guacamole Nachos

ΣΥΣΤΑΤΙΚΑ

1 σακούλα τσιπς τορτίγιας
2 φλιτζάνια τριμμένο τυρί τσένταρ
1 φλιτζάνι μαύρα φασόλια
1 φλιτζάνι ντομάτες κομμένες σε κύβους
1/4 φλιτζάνι κόλιαντρο ψιλοκομμένο
1/4 φλιτζάνι κόκκινο κρεμμύδι σε κυβάκια
1/2 φλιτζάνι κρέμα γάλακτος
1/2 φλιτζάνι γουακαμόλε

ΟΔΗΓΙΕΣ

Προθερμάνετε το φούρνο στους 350°F (175°C).
Στρώνουμε τα τσιπς τορτίγιας σε ένα ταψί.
Πασπαλίστε το τριμμένο τυρί τσένταρ πάνω από τα τσιπς τορτίγιας.
Προσθέστε τα μαύρα φασόλια και τις ντομάτες σε κύβους πάνω από το τυρί.
Ψήνουμε στο φούρνο για 10-15 λεπτά ή μέχρι να λιώσει το τυρί.
Βγάζουμε από το φούρνο και ρίχνουμε από πάνω τον ψιλοκομμένο κόλιαντρο και το κόκκινο κρεμμύδι σε κυβάκια.
Περιχύστε την κρέμα γάλακτος και το γουακαμόλε από πάνω.
Σερβίρετε και απολαύστε!

45. Μαύρο φασόλι Tempeh Nachos με τυρί κάσιους

Απόδοση: 4 μερίδες

ΣΥΣΤΑΤΙΚΑ
Τυρί Κάσιους
¾ φλιτζάνι ωμά κάσιους, μουλιασμένα από 1 ώρα έως όλη τη νύχτα και στραγγισμένα
1 κουταλιά της σούπας διατροφική μαγιά
1 κουταλιά της σούπας άμυλο ταπιόκας ή αλεύρι ταπιόκας (είναι το ίδιο πράγμα)
½ κουταλάκι του γλυκού σκόνη σκόρδου
½ κουταλάκι του γλυκού κρεμμύδι σε σκόνη
1 κουταλιά της σούπας χυμό λεμονιού
½ φλιτζάνι νερό
Τέμπε Νάτχος
Τσιπς τορτίγιας 10 έως 18 ουγγιές
1 κουτί μαύρα φασόλια 15 ουγγιών, στραγγισμένα και ξεπλυμένα
½ φλιτζάνι κόκκινο κρεμμύδι σε κυβάκια
1 ντομάτα ρομά, κομμένη σε κύβους
Μαρούλι
8 ουγγιές tempeh, κομμένα σε κύβους πολύ μικρά
1 καυτερή πιπεριά τσίλι, κομμένη σταυρωτά σε λεπτές φέτες
2 κουταλιές της σούπας ακατέργαστο κέλυφος κάνναβης
1 αβοκάντο
Χυμός από ένα λάιμ

ΟΔΗΓΙΕΣ

Τυρί Κάσιους

1. Προσθέστε όλα τα υλικά του τυριού σε ένα μπλέντερ και ανακατέψτε μέχρι να ομογενοποιηθούν. Μεταφέρετε αυτό το μείγμα σε μια μικρή κατσαρόλα. Μαγειρεύουμε σε μέτρια φωτιά και ανακατεύουμε μέχρι να δέσει λίγο η σάλτσα. Θα χρειαστούν περίπου 5 με 10 λεπτά. Κατεβάζουμε τη φωτιά να κρυώσει ελαφρώς.

Να συναρμολογήσουμε τους Νάτχος

2. Στρώνουμε το μαρούλι και όλα τα πατατάκια σε μια πιατέλα. Πασπαλίστε τα μαύρα φασόλια πάνω από τα πατατάκια. Κουκκίδα με τυρί κάσιους. Πασπαλίζουμε από πάνω το κόκκινο κρεμμύδι, την ντομάτα, το τέμπε, την πιπεριά τσίλι και τον κάνναβη.

3. Κόβουμε το αβοκάντο σε κύβους και περιχύνουμε με χυμό λάιμ. Πασπαλίστε το αβοκάντο κομμένο σε κύβους πάνω από τα νάτσος.

46. Nachos με αβοκάντο και κρεμμύδι Microgreen

Κάνει: 2

ΣΥΣΤΑΤΙΚΑ
- Φυτρωμένες τορτίγιες σίτου
- Αβοκάντο/γουακαμόλε
- Ντομάτες
- Jalapeños, σε λεπτές φέτες
- ½ κουτί φασόλια
- Μικροπράσινα κρεμμύδια χούφτα

ΟΔΗΓΙΕΣ
a) Για να γίνουν οι βλαστημένες τορτίγιες σιταριού τραγανές και ζεστές, φρυγανίστε τις ελαφρά.

b) Πολτοποιούμε το αβοκάντο με ένα πιρούνι και το απλώνουμε στις τορτίγιες.

c) Γαρνίρετε με ντομάτες, jalapeños, φασόλια και μικροπράσινα κρεμμύδια.

47. Cheesy Nachos

ΣΥΣΤΑΤΙΚΑ

- 4 ουγγιές τσιπς τορτίγιας καλαμποκιού
- ½ φλιτζάνι σάλσα
- 1 φλιτζάνι τριμμένο τυρί τσένταρ ή τζακ
- Πολύχρωμες επικαλύψεις όπως φύλλα baby σπανάκι, κόκκινα φασόλια, κόκκους καλαμποκιού, ντοματίνια και πιπεριές κομμένες σε φέτες

ΟΔΗΓΙΕΣ

a) Τοποθετήστε τα τσιπς καλαμποκιού σε ένα πιάτο ανθεκτικό στα μικροκύματα.
b) Απλώστε τη σάλσα πάνω από τα τσιπς καλαμποκιού.
c) Τακτοποιούμε το σπανάκι, τα φασόλια, το καλαμπόκι, τις ντομάτες και τις πιπεριές.
d) Πασπαλίστε από πάνω το τυρί.
e) Ψήνουμε στο μικροκύματα σε δυνατή φωτιά για 1½ λεπτό μέχρι να λιώσει το τυρί.
f) Σερβίρετε με γκουακαμόλε, κρέμα γάλακτος ή επιπλέον σάλτσα.

48. εγκάρδιος Νάτχος

ΣΕΡΒΙΖΕΙ 4
ΓΙΑ ΤΗ ΣΑΛΤΣΑ ΤΥΡΙΟΥ:
½ φλιτζάνι ωμά κάσιους, μουλιασμένα σε ζεστό νερό για τουλάχιστον 30 λεπτά, ξεπλυμένα καλά
1 κουταλιά της σούπας ταχίνι
1 κόκκινη πιπεριά, ψητή και ξεσποριασμένη
¼ φλιτζάνι θρεπτική μαγιά
1 κουταλιά της σούπας σάλτσα σόγιας χαμηλής περιεκτικότητας σε νάτριο ή Bragg Liquid Aminos
Ξύσμα και χυμό από ½ λεμόνι
¼ κουταλάκι του γλυκού πιπέρι καγιέν
ΓΙΑ ΤΟ DIP «ΞΕΝΕΡΓΟΜΕΝΟ» ΦΑΣΟΛΙ:
Ένα κουτάκι 15 ουγγιών φασόλια, στραγγισμένα και ξεπλυμένα
1 φλιτζάνι σάλσα φρέσκιας ντομάτας
1 ½ κουταλάκι του γλυκού τσίλι σε σκόνη
ΓΙΑ ΤΟΝ ΝΑΤΧΟΣ:
½ φλιτζάνι ψιλοκομμένο κόλιαντρο, μαϊντανό ή μαρούλι
1 αβοκάντο, κομμένο στη μέση, χωρίς κουκούτσι, ξεφλουδισμένο και κομμένο σε φέτες, προαιρετικά
½ φλιτζάνι σάλτσα φρέσκιας ντομάτας
½ φλιτζάνι φρέσκια ντομάτα κομμένη σε κύβους
Τορτίγιες καλαμποκιού στο φούρνο, κομμένες σε τσιπς (βλέπε tip)

ΓΙΑ ΝΑ ΦΤΙΑΞΕΤΕ ΤΗ ΣΑΛΤΣΑ ΤΥΡΙΟΥ:
1. Σε ένα μπλέντερ, ανακατεύουμε τα μουλιασμένα κάσιους, το ταχίνι, την ψητή κόκκινη πιπεριά, τη θρεπτική μαγιά, τη σάλτσα σόγιας, το ξύσμα και το χυμό λεμονιού, το πιπέρι καγιέν και ¼ φλιτζάνι νερό. Ανακατεύουμε σε υψηλή θερμοκρασία μέχρι να ομογενοποιηθούν. Αφήνω στην άκρη.

ΓΙΑ ΝΑ ΦΤΙΑΞΕΤΕ ΤΟ «ΞΕΝΟΨΗΜΕΝΟ» DIP ΦΑΣΟΛΙΟΥ:

2. Προσθέστε τα φασόλια, τη σάλσα και τη σκόνη τσίλι στο μπολ ενός επεξεργαστή τροφίμων. Πολτοποιήστε μέχρι να ομογενοποιηθεί, προσθέτοντας νερό, όσο χρειάζεται, για να επιτύχετε μια λεία συνοχή. Τοποθετούμε τα πολτοποιημένα φασόλια σε μια μέτρια κατσαρόλα και τα ζεσταίνουμε σε χαμηλή φωτιά μέχρι να ζεσταθούν. Διατηρήστε το ζεστό μέχρι να το σερβίρετε.

ΓΙΑ ΣΥΝΑΡΜΟΛΟΓΗΣΗ ΤΩΝ ΝΑΤΣΩΝ:

3. Απλώστε ομοιόμορφα το dip φασολιών στον πάτο ενός μεσαίου μεγέθους μπολ σερβιρίσματος ή ταψιού. Λειάνετε την επιφάνεια και πασπαλίζετε με κόλιανδρο τα φασόλια. Ρίχνουμε τη σάλτσα «τυρί» πάνω από τον κόλιαντρο. Γαρνίρετε με κομμένο αβοκάντο (αν χρησιμοποιείτε), σάλσα και φρέσκια ντομάτα κομμένη σε κύβους και σερβίρετε με τα ψημένα τσιπς καλαμποκιού.

49. Φορτωμένο Τσίλι Νάτχος

1 κονσέρβα τσίλι
1 σακούλα τσιπς τορτίγιας
2 φλιτζάνια τριμμένο τυρί τσένταρ
1/2 φλιτζάνι ντομάτα κομμένη σε κύβους
1/4 φλιτζάνι κόλιαντρο ψιλοκομμένο
1/4 φλιτζάνι κόκκινο κρεμμύδι σε κυβάκια
Στρώνουμε τα τσιπς τορτίγιας σε ένα ταψί και από πάνω το τσίλι, το τριμμένο τυρί, την κομμένη ντομάτα, τον κόλιαντρο και το κόκκινο κρεμμύδι. Ψήνουμε για 10-15 λεπτά ή μέχρι να λιώσει το τυρί.

50. Τσιπς λιναριού Nachos

ΣΥΣΤΑΤΙΚΑ

1 συνταγή Πατατάκια λιναριού
1 συνταγή Taco Nut Meat
1 συνταγή Τυρί Chipotle
1 συνταγή Heirloom Tomato Salsa
1 ώριμο αβοκάντο, χωρίς κουκούτσι και κομμένο σε κύβους

ΟΔΗΓΙΕΣ

Συναρμολογήστε τα νάτσος σας τοποθετώντας τα τσιπς αλατισμένου λιναριού σε μια πιατέλα σερβιρίσματος. Συμπληρώστε με το κρέας taco, το τυρί, τη σάλσα και το αβοκάντο. Απολαύστε αμέσως.

ΨΑΡΙ ΚΑΙ ΘΑΛΑΣΣΙΝΑ ΝΑΧΟΣ

51. Γαρίδες Nachos

1 κιλό γαρίδες μαγειρεμένες και ξεφλουδισμένες
1 σακούλα τσιπς τορτίγιας
2 φλιτζάνια τριμμένο τυρί τσένταρ
1 αβοκάντο κομμένο σε κύβους
1/2 φλιτζάνι ντομάτα κομμένη σε κύβους
1/4 φλιτζάνι κόλιαντρο ψιλοκομμένο
1/4 φλιτζάνι κόκκινο κρεμμύδι σε κυβάκια
Στρώνουμε τα τσιπς τορτίγιας σε ένα ταψί και από πάνω
ρίχνουμε τις ψημένες γαρίδες, το τριμμένο τυρί, το αβοκάντο
κομμένο σε κύβους, την κομμένη ντομάτα, τον κόλιανδρο και το
κόκκινο κρεμμύδι. Ψήνουμε για 10-15 λεπτά ή μέχρι να λιώσει
το τυρί.

52. Τραγανές Γαρίδες

Μερίδες: 4

ΣΥΣΤΑΤΙΚΑ
1 αυγό
½ κιλό πατατάκια νάτσο, θρυμματισμένα
12 γαρίδες, καθαρισμένες και καθαρισμένες

Κατευθύνσεις:
1. Σε ένα ρηχό πιάτο χτυπάμε το αυγό.
2. Σε ένα άλλο ρηχό πιάτο, τοποθετήστε τα θρυμματισμένα τσιπς νάτσο.
3. Καλύψτε τη γαρίδα με το χτυπημένο αυγό και στη συνέχεια κυλήστε σε τσιπς νάτσο.
4. Πατήστε το κουμπί AIR OVEN MODE του φούρνου Ninja Foodi Digital Air Fryer Oven και γυρίστε τον επιλογέα για να επιλέξετε τη λειτουργία "Air Fry".
5. Πατήστε το κουμπί TIME/SLICES και γυρίστε ξανά τον επιλογέα για να ρυθμίσετε το χρόνο μαγειρέματος στα 8 λεπτά.
6. Τώρα πιέστε το κουμπί TEMP/SHADE και περιστρέψτε τον επιλογέα για να ρυθμίσετε τη θερμοκρασία στους 355 °F.
7. Πατήστε το κουμπί "Έναρξη/Διακοπή" για να ξεκινήσετε.
8. Όταν η μονάδα ηχήσει για να δείξει ότι έχει προθερμανθεί, ανοίξτε την πόρτα του φούρνου.
9. Τοποθετήστε τις γαρίδες στο καλάθι για τηγανητά αέρα και τις βάζετε στο φούρνο.
10. Όταν ολοκληρωθεί ο χρόνος μαγειρέματος, ανοίξτε την πόρτα του φούρνου και σερβίρετε αμέσως.

53. <u>Αστακός Νάτχος</u>

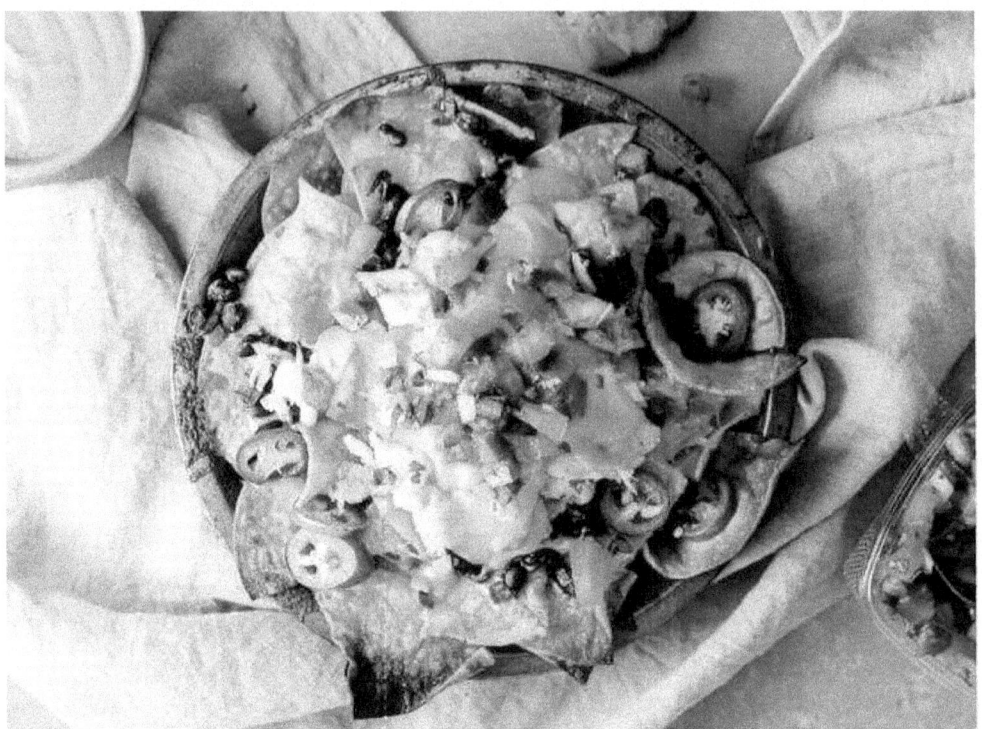

ΣΥΣΤΑΤΙΚΑ

1 κιλό μαγειρεμένο κρέας αστακού, ψιλοκομμένο
1 κουταλιά της σούπας βούτυρο
1 κουταλιά της σούπας αλεύρι
1 φλιτζάνι γάλα
Αλατοπίπερο
Τσιπς τορτίγιας
1 φλιτζάνι τριμμένο τυρί Monterey Jack
Ψιλοκομμένο φρέσκο μαϊντανό

ΟΔΗΓΙΕΣ

Προθερμάνετε το φούρνο στους 350°F.

Σε μια κατσαρόλα σε μέτρια φωτιά, λιώνουμε το βούτυρο και ρίχνουμε το αλεύρι. Μαγειρέψτε για 1-2 λεπτά.

Χτυπάμε σταδιακά το γάλα μέχρι να ομογενοποιηθεί. Αλατοπιπερώνουμε.

Τοποθετήστε τα τσιπς τορτίγιας σε ένα ταψί και από πάνω προσθέστε ψιλοκομμένο κρέας αστακού και τριμμένο τυρί.

Περιχύνουμε με τη σάλτσα τα νάτσος και ψήνουμε στο φούρνο για 8-10 λεπτά ή μέχρι να λιώσει το τυρί και να αφρατέψει.

Γαρνίρουμε με ψιλοκομμένο μαϊντανό.

54.   Τόνος Νάτχος

ΣΥΣΤΑΤΙΚΑ

1 κονσέρβα τόνου, στραγγισμένο και ξεφλουδισμένο
1 κουταλιά της σούπας ελαιόλαδο
1 κουταλάκι του γλυκού κύμινο
1 κουταλάκι του γλυκού τσίλι σε σκόνη
Αλατοπίπερο
Τσιπς τορτίγιας
1 φλιτζάνι τριμμένο τυρί Pepper Jack
Πράσινα κρεμμυδάκια σε φέτες

ΟΔΗΓΙΕΣ

Προθερμάνετε το φούρνο στους 350°F.

Σε ένα μπολ, ρίξτε τον τόνο με το ελαιόλαδο, το κύμινο, τη σκόνη τσίλι, αλάτι και πιπέρι.

Τοποθετήστε τα τσιπς τορτίγιας σε ένα ταψί και προσθέστε από πάνω τριμμένο τυρί και τον καρυκευμένο τόνο.

Ψήνουμε στο φούρνο για 8-10 λεπτά ή μέχρι να λιώσει το τυρί και να αφρατέψει.

Γαρνίρουμε με φρέσκα κρεμμυδάκια σε φέτες.

55. Καβούρι Νάτχος

ΣΥΣΤΑΤΙΚΑ

1 κιλό κρέας καβουριού
1 κουταλιά της σούπας βούτυρο
1 κουταλιά της σούπας αλεύρι
1 φλιτζάνι γάλα
Αλατοπίπερο
Τσιπς τορτίγιας
1 φλιτζάνι τριμμένο τυρί τσένταρ
Ψιλοκομμένο φρέσκο κόλιανδρο

ΟΔΗΓΙΕΣ

Προθερμάνετε το φούρνο στους 350°F.

Σε μια κατσαρόλα σε μέτρια φωτιά, λιώνουμε το βούτυρο και ρίχνουμε το αλεύρι. Μαγειρέψτε για 1-2 λεπτά.

Χτυπάμε σταδιακά το γάλα μέχρι να ομογενοποιηθεί. Αλατοπιπερώνουμε.

Τοποθετήστε τα τσιπς τορτίγιας σε ένα ταψί και προσθέστε από πάνω το κρέας καβουριών και το τριμμένο τυρί.

Περιχύνουμε με τη σάλτσα τα νάτσος και ψήνουμε στο φούρνο για 8-10 λεπτά ή μέχρι να λιώσει το τυρί και να αφρατέψει.

Γαρνίρουμε με ψιλοκομμένο κόλιαντρο.

56. Καπνιστός σολομός Νάτχος

ΣΥΣΤΑΤΙΚΑ

4 ουγκιές καπνιστός σολομός, ψιλοκομμένος
4 ουγκιές τυρί κρέμα, μαλακωμένο
1 κουταλιά της σούπας κάπαρη
1 κουταλιά της σούπας φρέσκο άνηθο ψιλοκομμένο
Αλατοπίπερο
Τσιπς τορτίγιας
1 φλιτζάνι τριμμένο τυρί μοτσαρέλα
ΟΔΗΓΙΕΣ

Προθερμάνετε το φούρνο στους 350°F.
Σε ένα μπολ ανακατεύουμε τον καπνιστό σολομό, συνεχίζουμε την κρέμα
τυρί, κάπαρη, άνηθο, αλάτι και πιπέρι μέχρι να ενωθούν καλά.
3. Τοποθετήστε τα τσιπς τορτίγιας σε ένα ταψί και από πάνω το μείγμα καπνιστού σολομού και το τριμμένο τυρί μοτσαρέλα.

Ψήνουμε στο φούρνο για 8-10 λεπτά ή μέχρι να λιώσει το τυρί και να αφρατέψει.

57.   Ψάρι Taco Nachos

ΣΥΣΤΑΤΙΚΑ

1 κιλό λευκό ψάρι (όπως ο μπακαλιάρος), κομμένο σε μικρά κομμάτια
2 κουταλιές της σούπας ελαιόλαδο
1 κουταλιά της σούπας τσίλι σε σκόνη
Αλατοπίπερο
Τσιπς τορτίγιας
1 φλιτζάνι τριμμένο τυρί Pepper Jack
Ψιλοκομμένο φρέσκο κόλιανδρο
Αβοκάντο σε φέτες
ΟΔΗΓΙΕΣ

Προθερμάνετε το φούρνο στους 350°F.

Σε ένα μπολ, ρίξτε τα ψάρια με το ελαιόλαδο, τη σκόνη τσίλι, αλάτι και πιπέρι.

Τοποθετούμε τα τσιπς τορτίγιας σε ένα ταψί και από πάνω ρίχνουμε τριμμένο τυρί και το καρυκευμένο ψάρι.

Ψήνουμε στο φούρνο για 8-10 λεπτά ή μέχρι να λιώσει το τυρί και να αφρατέψει.

Γαρνίρουμε με ψιλοκομμένο κόλιανδρο και αβοκάντο σε φέτες.

58.   Χτένι Νάτχος

ΣΥΣΤΑΤΙΚΑ

1 κιλό θαλασσινά χτένια
2 κουταλιές της σούπας ελαιόλαδο
2 σκελίδες σκόρδο, ψιλοκομμένες
Αλατοπίπερο
Τσιπς τορτίγιας
1 φλιτζάνι τριμμένο τυρί Monterey Jack
jalapeños σε φέτες

ΟΔΗΓΙΕΣ

Προθερμάνετε το φούρνο στους 350°F.

Σε ένα τηγάνι σε μέτρια φωτιά, βράζουμε τα χτένια με ελαιόλαδο και σκόρδο μέχρι να ροδίσουν και να ψηθούν. Αλατοπιπερώνουμε.

Τοποθετήστε τα τσιπς τορτίγιας σε ένα ταψί και προσθέστε από πάνω τριμμένο τυρί και τα ψημένα χτένια.

Ψήνουμε στο φούρνο για 8-10 λεπτά ή μέχρι να λιώσει το τυρί και να αφρατέψει.

Γαρνίρουμε με jalapeños σε φέτες.

59.   <u>Γαρίδες και Καβούρι Nachos</u>

ΣΥΣΤΑΤΙΚΑ

1 κιλό γαρίδες, ξεφλουδισμένες και καθαρισμένες
1 κιλό κρέας καβουριού
2 σκελίδες σκόρδο, ψιλοκομμένες
Τσιπς τορτίγιας
1 φλιτζάνι τριμμένο τυρί τσένταρ
Ψιλοκομμένο φρέσκο μαϊντανό

ΟΔΗΓΙΕΣ

Προθερμάνετε το φούρνο στους 350°F.

Σε ένα τηγάνι σε μέτρια φωτιά, μαγειρέψτε τις γαρίδες και το σκόρδο μέχρι να ροδίσουν και να ψηθούν. Αφήνω στην άκρη.

Τοποθετήστε τα τσιπς τορτίγιας σε ένα ταψί και προσθέστε από πάνω τις ψημένες γαρίδες, το κρέας καβουριών και το τριμμένο τυρί.

Ψήνουμε στο φούρνο για 8-10 λεπτά ή μέχρι να λιώσει το τυρί και να αφρατέψει.

Γαρνίρουμε με ψιλοκομμένο μαϊντανό.

60. <u>Τσεβίτσε Νάτχος</u>

ΣΥΣΤΑΤΙΚΑ

1 κιλό λευκό ψάρι (όπως τιλάπια ή λυθρίνι), κομμένο σε κύβους
1/2 φλιτζάνι χυμό λάιμ
1/4 φλιτζάνι χυμό πορτοκαλιού
1/4 φλιτζάνι κόλιαντρο ψιλοκομμένο
1/4 φλιτζάνι κόκκινο κρεμμύδι σε κυβάκια
Αλατοπίπερο
Τσιπς τορτίγιας
1 φλιτζάνι τριμμένο τυρί Monterey Jack

ΟΔΗΓΙΕΣ

Σε ένα μπολ ανακατεύουμε το ψάρι, το χυμό λάιμ, το χυμό πορτοκαλιού, τον κόλιαντρο, το κόκκινο κρεμμύδι, αλάτι και πιπέρι. Αφήνουμε να μαριναριστούν στο ψυγείο για 30 λεπτά με μία ώρα.

Προθερμάνετε το φούρνο στους 350°F.

Τοποθετήστε τα τσιπς τορτίγιας σε ένα ταψί και από πάνω το μαριναρισμένο ψάρι και το τριμμένο τυρί.

Ψήνουμε στο φούρνο για 8-10 λεπτά ή μέχρι να λιώσει το τυρί και να αφρατέψει.

ΦΡΟΥΤΑ ΚΑΙ ΕΠΙΔΟΡΦΙΑ ΝΑΧΟΣ

61. νάτσος μήλου

Κάνει: Για 1

ΣΥΣΤΑΤΙΚΑ
- 2 μήλα της αρεσκείας σας
- ⅓ φλιτζάνι φυσικό βούτυρο ξηρών καρπών
- μια μικρή χούφτα τριμμένη καρύδα
- Πασπαλίζουμε κανέλα
- 1 κουταλιά της σούπας χυμό λεμονιού

ΟΔΗΓΙΕΣ
a) Μήλα: Πλύνετε, ξεφλουδίστε και κόψτε τα μήλα σας σε φέτες ¼ ιντσών.

b) Βάλτε τις φέτες μήλου σε ένα μικρό μπολ με το χυμό λεμονιού και ανακατέψτε.

c) Βούτυρο ξηρών καρπών: Ζεσταίνουμε το βούτυρο ξηρών καρπών μέχρι να γίνει ζεστό και ελαφρώς ρευστό.

d) Περιχύστε το βούτυρο ξηρών καρπών με κυκλικές κινήσεις από το κέντρο του πιάτου προς την εξωτερική άκρη.

e) Πασπαλίζουμε με νιφάδες καρύδας και πασπαλίζουμε με κανέλα.

62. Gala nachos με σάλτσα μάνγκο-τεκίλα

Απόδοση: 6 μερίδες

Συστατικό
- 6 καλαμπόκι Ή 4 τορτίγιες αλευριού
- 3 κουταλιές της σούπας Βούτυρο
- 6 κουταλιές της σούπας Ζάχαρη μέχρι
- 1½ λίτρο παγωτό ή σερμπέ ή μείγμα
- 3 φλιτζάνια Κόψτε φρέσκα φρούτα
- Σάλτσα μάνγκο-τεκίλα;
- Ξηροί καρποί με ζάχαρη
- ¾ φλιτζάνι τσιπς σοκολάτας

Κατευθύνσεις:

a) Στοιβάζουμε τις τορτίγιες σε ένα σωρό και τις κόβουμε σε τρίγωνα, 6 για το καλαμπόκι ή 8 για το αλεύρι.

b) Σε ένα μεγάλο τηγάνι βάζουμε ½ κουταλιά της σούπας βούτυρο και 1 κουταλιά της σούπας ζάχαρη. Βάζουμε σε μέτρια φωτιά μέχρι να αφρίσει το βούτυρο και να λιώσει η ζάχαρη.

c) Προσθέστε όσα τρίγωνα τορτίγια χωράνε χωρίς να επικαλύπτονται και τηγανίζετε μέχρι να φουσκώσουν, περίπου 1 λεπτό. Γυρίστε και τηγανίστε από την άλλη πλευρά μέχρι να ροδίσει, περίπου 1 λεπτό ακόμα. Αφαιρέστε σε ένα πιάτο χωρίς να επικαλύπτονται. Προσθέστε περισσότερο βούτυρο και ζάχαρη στο τηγάνι και συνεχίστε περισσότερους γύρους μέχρι να γίνουν τραγανά όλα τα τρίγωνα.

d) Για τη συναρμολόγηση, τοποθετήστε μεζούρες παγωτό ή σερμπέ στο κέντρο μιας μεγάλης πιατέλας. Ρίξτε κομμάτια φρούτων γύρω από το παγωτό και ρίξτε τρίγωνα τορτίγια εδώ κι εκεί. Κουτάλι σάλτσα Mango-Tequila πάνω από όλα. Κουκκίδα με ζαχαρούχους ξηρούς καρπούς και κομματάκια σοκολάτας. Σερβίρετε αμέσως.

63. Nachos με σάλτσα μάνγκο-τεκίλα

Κάνει: 6 μερίδες

ΣΥΣΤΑΤΙΚΑ
- 6 τορτίγιες καλαμποκιού ή 4 αλευριού
- 3 κουταλιές της σούπας Βούτυρο
- 6 κουταλιές της σούπας Ζάχαρη μέχρι
- 1½ λίτρο παγωτό ή σερμπέ
- 3 φλιτζάνια Κόψτε φρέσκα φρούτα

ΣΑΛΤΣΑ ΜΑΝΓΚΟ-ΤΕΚΙΛΑ:
- Ξηροί καρποί με ζάχαρη
- ¾ φλιτζάνι τσιπς σοκολάτας

ΟΔΗΓΙΕΣ
e) Στοιβάζουμε τις τορτίγιες σε ένα σωρό και τις κόβουμε σε τρίγωνα, 6 για το καλαμπόκι ή 8 για το αλεύρι.

f) Σε ένα μεγάλο τηγάνι βάζουμε ½ κουταλιά της σούπας βούτυρο και 1 κουταλιά της σούπας ζάχαρη. Βάζουμε σε μέτρια φωτιά μέχρι να αφρίσει το βούτυρο και να λιώσει η ζάχαρη.

g) Προσθέστε όσα τρίγωνα τορτίγια χωράνε χωρίς να επικαλύπτονται και τηγανίζετε μέχρι να φουσκώσουν, περίπου 1 λεπτό. Γυρίστε και τηγανίστε από την άλλη πλευρά μέχρι να ροδίσει, περίπου 1 λεπτό ακόμα. Αφαιρέστε σε ένα πιάτο χωρίς να επικαλύπτονται. Προσθέστε περισσότερο βούτυρο και ζάχαρη στο τηγάνι και συνεχίστε περισσότερους γύρους μέχρι να γίνουν τραγανά όλα τα τρίγωνα.

h) Για τη συναρμολόγηση, τοποθετήστε μεζούρες παγωτό ή σερμπέ στο κέντρο μιας μεγάλης πιατέλας. Ρίξτε κομμάτια φρούτων γύρω από το παγωτό και ρίξτε τρίγωνα τορτίγια εδώ κι εκεί. Κουτάλι σάλτσα Mango-Tequila πάνω από όλα. Κουκκίδα με ζαχαρούχους ξηρούς καρπούς και κομματάκια σοκολάτας. Σερβίρετε αμέσως.

64.   Cheesecake φράουλα Nachos

ΣΥΣΤΑΤΙΚΑ

1 πακέτο τσιπς τορτίγιας ζάχαρης κανέλας
1 πίντα φράουλες, κομμένες σε κύβους
8 ουγκιές τυρί κρέμα, μαλακωμένο
1/2 φλιτζάνι ζάχαρη άχνη
1 κουταλάκι του γλυκού εκχύλισμα βανίλιας
Σαντιγύ

ΟΔΗΓΙΕΣ

Σε ένα μπολ ανακατεύουμε το τυρί κρέμα, την άχνη ζάχαρη και το εκχύλισμα βανίλιας μέχρι να ομογενοποιηθούν.

Τοποθετήστε τα τσιπς τορτίγιας σε μια πιατέλα και προσθέστε από πάνω τις φράουλες κομμένες σε κύβους και τις κούκλες από το μείγμα του τυριού κρέμα.

Περιχύστε με σαντιγί.

65. Ανανάς καρύδας Nachos

ΣΥΣΤΑΤΙΚΑ

1 συσκευασία τσιπς τορτίγιας
1 κουτί ανανά θρυμματισμένο, στραγγισμένο
1/2 φλιτζάνι καρύδα τριμμένη
1/2 φλιτζάνι ζαχαρούχο γάλα
1 κουταλάκι του γλυκού εκχύλισμα βανίλιας

ΟΔΗΓΙΕΣ

Προθερμάνετε το φούρνο στους 350°F.

Τοποθετήστε τα τσιπς τορτίγιας σε ένα ταψί και βάλτε από πάνω τον τριμμένο ανανά και την τριμμένη καρύδα.

Περιχύστε το ζαχαρούχο γάλα και το εκχύλισμα βανίλιας από πάνω.

Ψήνουμε στο φούρνο για 8-10 λεπτά, ή μέχρι να ψηθεί η καρύδα και να αφρατέψει το γάλα.

66. <u>Σοκολάτα Μπανάνα Nachos</u>

ΣΥΣΤΑΤΙΚΑ

1 πακέτο τσιπς τορτίγιας σοκολάτας
2 μπανάνες, κομμένες σε φέτες
1/2 φλιτζάνι κομματάκια σοκολάτας, λιωμένα
Ξηροί καρποί ψιλοκομμένοι (προαιρετικά)
ΟΔΗΓΙΕΣ

Τοποθετήστε τα κομματάκια τορτίγιας σοκολάτας σε μια πιατέλα και από πάνω βάλτε τις μπανάνες σε φέτες.

Περιχύστε τη λιωμένη σοκολάτα από πάνω.

Πασπαλίζουμε με ψιλοκομμένους ξηρούς καρπούς, αν θέλουμε.

67. <u>Mango Salsa Nachos</u>

ΣΥΣΤΑΤΙΚΑ

1 συσκευασία τσιπς τορτίγιας
2 μάνγκο, σε κύβους
1/4 φλιτζάνι κόκκινο κρεμμύδι σε κυβάκια
1/4 φλιτζάνι κόλιαντρο ψιλοκομμένο
1 πιπεριά jalapeño, ξεσποριασμένη και ψιλοκομμένη
Χυμός από 1 λάιμ
Αλατοπίπερο

ΟΔΗΓΙΕΣ

Σε ένα μπολ, ανακατέψτε τα μάνγκο σε κύβους, το κόκκινο κρεμμύδι, τον κόλιαντρο, την πιπεριά jalapeño, το χυμό λάιμ, αλάτι και πιπέρι.

Τοποθετήστε τα τσιπς τορτίγια σε μια πιατέλα και από πάνω προσθέστε τη σάλσα μάνγκο.

68.   <u>Kiwi Lime Nachos</u>

ΣΥΣΤΑΤΙΚΑ

1 συσκευασία τσιπς τορτίγιας
4 ακτινίδια, καθαρισμένα και κομμένα σε φέτες
Χυμός από 2 λάιμ
1/4 φλιτζάνι μέλι

ΟΔΗΓΙΕΣ

Αραδιάζουμε τα τσιπς τορτίγιας σε μια πιατέλα και από πάνω τα ακτινίδια κομμένα σε φέτες.

Περιχύστε από πάνω το χυμό λάιμ και το μέλι.

69.   <u>Berry Nutella Nachos</u>

ΣΥΣΤΑΤΙΚΑ

1 πακέτο τσιπς τορτίγιας ζάχαρης κανέλας
1 φλιτζάνι ανάμεικτα μούρα (όπως φράουλες, βατόμουρα και σμέουρα)
1/2 φλιτζάνι Nutella
Ξηροί καρποί ψιλοκομμένοι (προαιρετικά)

ΟΔΗΓΙΕΣ

Τοποθετήστε τα τσιπς τορτίγιας ζάχαρης κανέλας σε μια πιατέλα και από πάνω τα ανάμεικτα μούρα.

Ψήνετε στο μικροκύματα τη Nutella για 15-20 δευτερόλεπτα για να μαλακώσει.

Περιχύστε τη Nutella από πάνω.

Πασπαλίζουμε με ψιλοκομμένους ξηρούς καρπούς, αν θέλουμε.

70. <u>Ροδάκινο Νάτχος ψητό</u>

ΣΥΣΤΑΤΙΚΑ

1 συσκευασία τσιπς τορτίγιας
3 ροδάκινα, κομμένα στη μέση και χωρίς κουκούτσι
1/4 φλιτζάνι μέλι
1/4 φλιτζάνι βαλσάμικο ξύδι
1/4 φλιτζανιού φρέσκο δυόσμο ψιλοκομμένο
ΟΔΗΓΙΕΣ

Προθερμάνετε μια σχάρα σε μέτρια προς δυνατή φωτιά.
Ψήστε τα μισά ροδάκινα στη σχάρα για 3-4 λεπτά ανά πλευρά,
μέχρι να απανθρακωθούν ελαφρά.
Τοποθετήστε τα τσιπς τορτίγιας σε μια πιατέλα και από πάνω τα
μισά ροδάκινα στη σχάρα.
4. Περιχύστε από πάνω το μέλι και το βαλσάμικο.

Πασπαλίζουμε με ψιλοκομμένο φρέσκο δυόσμο.

NACHO DIPS

71. Ντιπ τυριού τούβλο

Φτιάχνει: 2 μερίδες

ΣΥΣΤΑΤΙΚΑ
- 3 ουγκιές τυρί ρικότα
- 3 ουγκιές φρεσκοτριμμένο τυρί από τούβλα
- 3 κουταλιές της σούπας φρέσκα φύλλα θυμαριού
- 6 ουγκιές κατσικίσιο τυρί
- 1 ουγγιά σκληρό τυρί παρμεζάνα, φρεσκοτριμμένο
- 4 λωρίδες χοντροκομμένο μπέικον, ψημένο και θρυμματισμένο
- Αλάτι και πιπέρι για να γευτείς

ΟΔΗΓΙΕΣ
a) Προετοιμάστε το φούρνο για ψήσιμο.
b) Συνδυάστε όλα τα υλικά σε ένα ταψί.
c) Ρίξτε την παρμεζάνα πάνω από το πιάτο.
d) Ψήνετε σε προθερμασμένο φούρνο για 5 λεπτά ή μέχρι το τυρί να αρχίσει να ροδίζει και να βγάζει φουσκάλες.
e) Βγάζουμε από το φούρνο και σερβίρουμε αμέσως.

72. Vegan Cannoli Dip

Κάνει: 8

ΣΥΣΤΑΤΙΚΑ
- 3/4 φλιτζάνι γάλα καρύδας, πλήρες
- 8 ουγκιές Vegan τυρί κρέμα
- 1 κουταλάκι του γλυκού εκχύλισμα αμυγδάλου, αγνό
- 3/4 φλιτζάνι ζάχαρη ζαχαροπλαστικής
- 1/2 κουταλάκι του γλυκού εκχύλισμα βανίλιας
- 1 φλιτζάνι αμύγδαλα, ωμά
- 2 φλιτζάνια Κάσιους, ωμά
- 2 κουταλιές της σούπας Φιστίκια Αιγίνης

ΟΔΗΓΙΕΣ
α) Ανακατεύουμε όλα τα υλικά.

73. Ντιπ Μπλε Τυρί & Γκούντα

Φτιάχνει: 2 μερίδες

ΣΥΣΤΑΤΙΚΑ

- 2 κουταλιές της σούπας ανάλατο βούτυρο
- 1 φλιτζάνι γλυκό κρεμμύδι, κομμένο σε κύβους
- 2 φλιτζάνια τυρί κρέμα, σε θερμοκρασία δωματίου
- ⅛ κουταλάκι του γλυκού αλάτι
- ⅛ κουταλάκι του γλυκού λευκό πιπέρι
- ⅓ φλιτζάνι κρύα σνακ Montucky
- 1 ½ φλιτζάνι ψιλοκομμένο ψεύτικο κοτόπουλο
- ½ φλιτζάνι μουστάρδα μελιού, συν περισσότερο για το περιχύσιμο
- 2 κουταλιές της σούπας ντρέσινγκ ράντσο
- 1 φλιτζάνι τριμμένο τυρί τσένταρ
- 2 φλιτζάνια τυρί Γκούντα, τριμμένο
- 2 κουταλιές της σούπας ντρέσινγκ μπλε τυριού
- ⅓ φλιτζάνι θρυμματισμένο μπλε τυρί, συν περισσότερο για επικάλυψη
- ¾ φλιτζάνι σάλτσα μπάρμπεκιου με μέλι, συν περισσότερο για το ψιλόβροχο

ΟΔΗΓΙΕΣ

a) Σε ένα μεγάλο τηγάνι λιώνουμε το βούτυρο σε χαμηλή φωτιά.
b) Ρίχνετε τα κρεμμύδια κομμένα σε κύβους και αλατοπιπερώνετε.
c) Μαγειρέψτε για 5 λεπτά, ή μέχρι να μαλακώσει ελαφρώς.
d) Μαγειρέψτε, ανακατεύοντας συχνά, μέχρι να καραμελώσουν τα κρεμμύδια, περίπου 25 με 30 λεπτά.
e) Προθερμάνετε το φούρνο στους 375° F.
f) Καλύψτε ένα ταψί 9 ιντσών με αντικολλητικό μαγειρικό σπρέι.
g) Συνδυάστε το τυρί κρέμα, όλο το τυρί, τη σάλτσα μπάρμπεκιου, τη μουστάρδα μελιού, το dressing ranch και το μπλε τυρί σε ένα μεγάλο μπολ ανάμειξης.
h) Προσθέστε τα καραμελωμένα κρεμμύδια και το ψεύτικο κοτόπουλο.
i) Τοποθετήστε το κουρκούτι σε ένα ταψί.
j) Γαρνίρουμε με το υπόλοιπο τυρί.

k) Ψήστε το ντιπ για 20-25 λεπτά ή μέχρι να ροδίσει.
l) Σερβίρετε αμέσως.

74. Pub Cheese Dip

Φτιάχνει: 2 μερίδες

ΣΥΣΤΑΤΙΚΑ
- 3 κουταλιές της σούπας χοντροκομμένες, τουρσί πιπεριές jalapeno
- 1 φλιτζάνι σκληρός μηλίτης
- ⅛ κουταλάκι του γλυκού τριμμένο κόκκινο πιπέρι
- 2 φλιτζάνια τριμμένο εξαιρετικά αιχμηρό, κίτρινο τυρί τσένταρ
- 2 φλιτζάνια τυρί Colby τριμμένο
- 2 κουταλιές της σούπας άμυλο καλαμποκιού
- 1 κουταλιά της σούπας μουστάρδα Dijon
- 60 κράκερ

ΟΔΗΓΙΕΣ
- Σε ένα μέτριο μπολ ανάμειξης, συνδυάστε το τυρί τσένταρ, το τυρί Colby και το άμυλο καλαμποκιού. Τοποθετήστε στην άκρη.
- Σε μια μέτρια κατσαρόλα, συνδυάστε μηλίτη και μουστάρδα.
- Μαγειρέψτε μέχρι να βράσει σε μέτρια προς δυνατή φωτιά.
- Χτυπάμε σιγά σιγά το μείγμα τυριών, λίγο-λίγο, μέχρι να ομογενοποιηθεί.
- Κλείστε τη φωτιά.
- Προσθέστε το jalapeno και τις κόκκινες πιπεριές.
- Τοποθετήστε το μείγμα σε μια κατσαρόλα 1 λίτρου αργής κουζίνας ή φοντί.
- Διατηρείται ζεστό σε χαμηλή φωτιά.
- Σερβίρουμε μαζί με κράκερ.

75. Πικάντικο ντιπ καλαμποκιού

Κάνει: 6 μερίδες

ΣΥΣΤΑΤΙΚΑ

- 1 κουταλιά της σούπας έξτρα παρθένο ελαιόλαδο
- ½ κιλό πικάντικο ιταλικό λουκάνικο
- 1 μέτριο κόκκινο κρεμμύδι, κομμένο σε κύβους
- 1 μεγάλη κόκκινη πιπεριά κομμένη σε κύβους
- 1 φλιτζάνι κρέμα γάλακτος
- 4 ουγγιές τυρί κρέμα, σε θερμοκρασία δωματίου
- 4 φλιτζάνια καλαμπόκι κατεψυγμένο, ξεπαγωμένο
- ½ φλιτζάνι φρέσκα κρεμμυδάκια ψιλοκομμένα
- 1 μεγάλο jalapeño, κομμένο σε κύβους
- 4 σκελίδες σκόρδο, ψιλοκομμένες
- 1 κουταλιά της σούπας κόλιανδρο ψιλοκομμένο
- 2 κουταλάκια του γλυκού καρύκευμα κρεόλ
- 1 κουταλάκι του γλυκού αλεσμένο μαύρο πιπέρι
- 1 φλιτζάνι τριμμένο κοφτερό τυρί τσένταρ, χωρισμένο
- 1 φλιτζάνι τριμμένο τυρί Colby Jack, χωρισμένο
- Φυτικό λάδι, για λίπανση

ΟΔΗΓΙΕΣ

a) Προθερμάνετε το φούρνο στους 350 βαθμούς Φ.

b) Σε ένα μεγάλο τηγάνι σε μέτρια φωτιά, ζεσταίνουμε το λάδι. Προσθέστε το ιταλικό λουκάνικο και μαγειρέψτε μέχρι να ροδίσει. Ρίξτε μέσα τα κρεμμύδια και τις πιπεριές. Μαγειρέψτε μέχρι να μαλακώσουν.

c) Προσθέτουμε την κρέμα γάλακτος και το τυρί κρέμα. Ανακατεύουμε μέχρι να ομογενοποιηθούν και μετά προσθέτουμε το καλαμπόκι, το πράσινο κρεμμύδι, το jalapeño, το σκόρδο και τον κόλιανδρο. Συνεχίστε να ανακατεύετε τα υλικά μέχρι να ενσωματωθούν όλα καλά. Πασπαλίστε με το καρύκευμα Creole, μαύρο πιπέρι, ½ φλιτζάνι τσένταρ και ½ φλιτζάνι τυρί Colby Jack. Ανακατέψτε καλά.

d) Λαδώνουμε ελαφρά ένα ταψί και μετά προσθέτουμε το μείγμα του καλαμποκιού. Περιχύνουμε με το υπόλοιπο τυρί και ψήνουμε ακάλυπτα για 20 λεπτά. Ψύξτε λίγο πριν το σερβίρετε.

76. Dip πίτσας τηγανιού με χαμηλούς υδατάνθρακες

Κάνει: 1 μερίδα

ΣΥΣΤΑΤΙΚΑ
- 6 ουγκιές. Τυρί κρέμα στο φούρνο μικροκυμάτων
- 1/4 φλιτζάνι κρέμα γάλακτος
- 1/2 φλιτζάνι τυρί μοτσαρέλα, τριμμένο
- Αλάτι και πιπέρι για να γευτείς
- 1/4 φλιτζάνι Μαγιονέζα
- 1/2 φλιτζάνι τυρί μοτσαρέλα, τριμμένο
- 1/2 φλιτζάνι σάλτσα ντομάτας με χαμηλούς υδατάνθρακες
- 1/4 φλιτζάνι τυρί παρμεζάνα

ΟΔΗΓΙΕΣ
a)   Προθερμαίνουμε το φούρνο στους 350 βαθμούς Φαρενάιτ.

b)   Ανακατεύουμε το τυρί κρέμα, την κρέμα γάλακτος, τη μαγιονέζα, τη μοτσαρέλα, αλάτι και πιπέρι.

c)   Ρίξτε σε ramekins και απλώστε τη σάλτσα ντομάτας πάνω από κάθε ramekin καθώς και τυρί μοτσαρέλα και τυρί παρμεζάνα.

d)   Γεμίστε τα ντιπ πίτσας στο τηγάνι με τις αγαπημένες σας επικαλύψεις.

e)   Ψήνουμε για 20 λεπτά.

f)   Σερβίρετε μαζί με μερικά νόστιμα κριτσίνια ή φλούδες χοιρινού!

77. Βουτιά ρανγκούν καβουριών

ΣΥΣΤΑΤΙΚΑ

f) 1 (8 ουγκιές) συσκευασία τυρί κρέμα, μαλακωμένο σε θερμοκρασία δωματίου

g) 2 κουταλιές της σούπας μαγιονέζα ελαιόλαδο

h) 1 κουταλιά της σούπας φρεσκοστυμμένο χυμό λεμονιού

i) 1/2 κουταλάκι του γλυκού θαλασσινό αλάτι

j) 1/4 κουταλάκι του γλυκού μαύρο πιπέρι

k) 2 σκελίδες σκόρδο, ψιλοκομμένες

l) 2 μέτρια πράσινα κρεμμυδάκια, κομμένα σε κύβους

m)   1/2 φλιτζάνι τριμμένη παρμεζάνα

n) 4 ουγγιές (περίπου 1/2 φλιτζάνι) κονσερβοποιημένο λευκό καβούρι

ΟΔΗΓΙΕΣ

a) Προθερμάνετε το φούρνο στους 350°F.

b) Σε ένα μεσαίο μπολ ανακατεύουμε το τυρί κρέμα, τη μαγιονέζα, το χυμό λεμονιού, το αλάτι και το πιπέρι με ένα μπλέντερ χειρός μέχρι να ενσωματωθούν καλά.

c) Προσθέστε το σκόρδο, τα κρεμμύδια, το τυρί παρμεζάνα και το καβούρι και ανακατέψτε το μείγμα με μια σπάτουλα.

d) Μεταφέρετε το μείγμα σε ένα ταψί κατάλληλο για φούρνο και απλώστε το ομοιόμορφα.

e) Ψήνουμε για 30-35 λεπτά μέχρι να ροδίσει ελαφρώς η κορυφή του ντιπ. Σερβίρετε ζεστό.

78. Κατσικίσιο τυρί Guacamole

Κάνει 4-6

ΣΥΣΤΑΤΙΚΑ
● 2 αβοκάντο
● 3 ουγγιές κατσικίσιο τυρί
● ξύσμα από 2 λάιμ
● χυμό λεμονιού από 2 λάιμ
● ¾ κουταλάκι του γλυκού σκόνη σκόρδου
● ¾ κουταλάκι του γλυκού κρεμμύδι σε σκόνη
● ½ κουταλάκι του γλυκού αλάτι
● ¼ κουταλάκι του γλυκού νιφάδες κόκκινης πιπεριάς (προαιρετικά)
● ¼ κουταλάκι του γλυκού πιπέρι

ΟΔΗΓΙΕΣ
● Προσθέστε τα αβοκάντο σε έναν επεξεργαστή τροφίμων και ανακατέψτε μέχρι να ομογενοποιηθούν. Προσθέστε τα υπόλοιπα ΥΛΙΚΑ και ανακατέψτε μέχρι να ενσωματωθούν.
● Σερβίρουμε με πατατάκια.

79. Βαυαρικό πάρτι ντιπ/άπλωμα

Κάνει: 1 1/4 λίβρα

ΣΥΣΤΑΤΙΚΑ

- ½ φλιτζάνι Κρεμμύδια, ψιλοκομμένα
- 1 κιλό Braunschweiger
- 3 ουγγιές τυρί κρέμα
- ¼ κουταλάκι του γλυκού μαύρο πιπέρι

ΟΔΗΓΙΕΣ

a) Σοτάρουμε τα κρεμμύδια για 8-10 λεπτά, ανακατεύοντας συχνά. αποσύρουμε από τη φωτιά και στραγγίζουμε. Αφαιρέστε το περίβλημα από το Braunschweiger και ανακατέψτε το κρέας με το τυρί κρέμα μέχρι να ομογενοποιηθεί. Ανακατεύουμε τα κρεμμύδια και την πιπεριά.

b) Σερβίρετε ως αλειμμένο συκώτι σε κράκερ, κομμένη σε λεπτές φέτες σίκαλη ή σερβίρετε ως ντιπ συνοδευόμενη από μια ποικιλία από φρέσκα ωμά λαχανικά όπως καρότα, σέλινο, μπρόκολο, ραπανάκια, κουνουπίδι ή ντοματίνια.

.

80. Ντιπ πάρτι με ψητή αγκινάρα

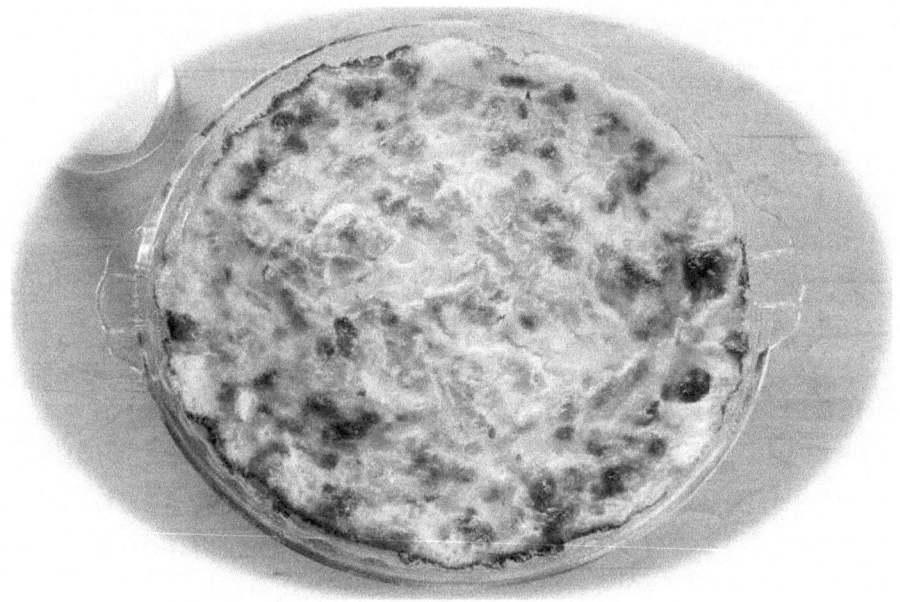

ΣΥΣΤΑΤΙΚΑ

- 1 Καρβέλι μεγάλο σκούρο ψωμί σίκαλης
- 2 κουταλιές της σούπας Βούτυρο
- 1 ματσάκι Πράσινα κρεμμύδια? ψιλοκομμένο
- 6 σκελίδες φρέσκο σκόρδο. ψιλοκομμένο, μέχρι 8
- 8 ουγγιές τυρί κρέμα? σε θερμοκρασία δωματίου.
- 16 ουγγιές Ξινή κρέμα
- 12 ουγγιές τριμμένο τυρί τσένταρ
- 1 κουτάκι (14 oz.) καρδιές αγκινάρας. στραγγίζουμε και κόβουμε στα τέσσερα

ΟΔΗΓΙΕΣ

- Κόψτε μια τρύπα στην κορυφή του ψωμιού με διάμετρο περίπου 5 ίντσες. Αφαιρέστε το μαλακό ψωμί από την κομμένη μερίδα και πετάξτε. Κρατήστε την κρούστα για να φτιάξετε την κορυφή για το καρβέλι.
- Αφαιρέστε το μεγαλύτερο μέρος του μαλακού εσωτερικού τμήματος του καρβέλιου και αποθηκεύστε το για άλλους σκοπούς, όπως γέμιση ή αποξηραμένα ψίχουλα ψωμιού. Στο βούτυρο,
- Σοτάρουμε τα φρέσκα κρεμμυδάκια και το σκόρδο μέχρι να μαραθούν. Κόβουμε το τυρί κρέμα σε μικρά κομμάτια, προσθέτουμε τα κρεμμύδια, το σκόρδο, την κρέμα γάλακτος και το τυρί τσένταρ. Ανακατέψτε καλά. Διπλώστε σε καρδιές αγκινάρας, βγάζετε όλο αυτό το μείγμα σε κούφιο ψωμί. Τοποθετούμε από πάνω το ψωμί και τυλίγουμε σε αλουμινόχαρτο βαρέως τύπου. Ψήνουμε σε φούρνο στους 350 βαθμούς για 1 ½ ώρα.
- Όταν είναι έτοιμο, αφαιρέστε το αλουμινόχαρτο και σερβίρετε, χρησιμοποιώντας κοκτέιλ ψωμί σίκαλης για να βυθίσετε τη σάλτσα.

81. Ντιπ κοτόπουλου Buffalo

ΣΥΣΤΑΤΙΚΑ

- 1 (8 ουγκιές) συσκευασία τυρί κρέμα
- 1/2 φλιτζάνι Frank's Red-Hot sauce
- 1/4 φλιτζάνι γάλα καρύδας σε κονσέρβα πλήρες
- 11/2 φλιτζάνια ψιλοκομμένο κοτόπουλο
- 3/4 φλιτζάνι τριμμένο τυρί μοτσαρέλα, χωρισμένο
- 1/2 φλιτζάνι μπλε τυρί θρυμματίζεται

ΟΔΗΓΙΕΣ

a) Προσθέστε το τυρί κρέμα σε μια μέτρια κατσαρόλα και ζεστάνετε σε μέτρια προς χαμηλή φωτιά μέχρι να λιώσει. Ανακατεύουμε με ζεστή σάλτσα και γάλα καρύδας.

b) Όταν ενωθούν, προσθέστε το κοτόπουλο μέχρι να ζεσταθεί.

c) Αποσύρετε από τη φωτιά και ανακατεύετε 1/2 φλιτζάνι τυρί μοτσαρέλα και μπλε τυρί θρυμματισμένο.

d) Μεταφέρετε σε ένα ταψί 8" × 8" και πασπαλίστε από πάνω το υπόλοιπο τυρί μοτσαρέλα. Ψήνουμε για 15 λεπτά ή μέχρι να αφρατέψει το τυρί. Σερβίρετε ζεστό.

82. Βουτιά στο ράντσο

ΣΥΣΤΑΤΙΚΑ

- 1 φλιτζάνι μαγιονέζα
- 1/2 φλιτζάνι απλό ελληνικό γιαούρτι
- 11/2 κουταλάκια του γλυκού ξερό σχοινόπρασο
- 11/2 κουταλάκι του γλυκού αποξηραμένος μαϊντανός
- 11/2 κουταλάκια του γλυκού αποξηραμένος άνηθος
- 3/4 κουταλάκι του γλυκού κοκκοποιημένο σκόρδο
- 3/4 κουταλάκι του γλυκού κρυσταλλωμένο κρεμμύδι
- 1/2 κουταλάκι του γλυκού αλάτι
- 1/4 κουταλάκι του γλυκού μαύρο πιπέρι

ΟΔΗΓΙΕΣ

a) Συνδυάστε όλα τα υλικά σε ένα μικρό μπολ.

b) Αφήστε το να καθίσει στο ψυγείο 30 λεπτά πριν το σερβίρετε.

83. Πικάντικο ντιπ με γαρίδες και τυρί

ΣΥΣΤΑΤΙΚΑ

● 2 φέτες μπέικον χωρίς προσθήκη ζάχαρης
● 2 μέτρια κίτρινα κρεμμύδια, καθαρισμένα και κομμένα σε κύβους
● 2 σκελίδες σκόρδο, ψιλοκομμένες
● 1 φλιτζάνι γαρίδες ποπ κορν (όχι παναρισμένες), μαγειρεμένες
● 1 μέτρια ντομάτα, κομμένη σε κύβους
● 3 φλιτζάνια τριμμένο τυρί Monterey jack
● 1/4 κουταλάκι του γλυκού Frank's Red-hot sauce
● 1/4 κουταλάκι του γλυκού πιπέρι καγιέν
● 1/4 κουταλάκι του γλυκού μαύρο πιπέρι

ΟΔΗΓΙΕΣ

● Μαγειρέψτε το μπέικον σε ένα μέτριο τηγάνι σε μέτρια φωτιά μέχρι να γίνει τραγανό, περίπου 5-10 λεπτά. Κρατήστε τη λαδόκολλα στο ταψί. Στρώνουμε το μπέικον σε χαρτί κουζίνας να κρυώσει. Όταν κρυώσει, θρυμματίζουμε το μπέικον με τα δάχτυλά μας.

● Προσθέστε το κρεμμύδι και το σκόρδο στις σταγόνες μπέικον στο τηγάνι και σοτάρετε σε μέτρια προς χαμηλή φωτιά μέχρι να μαλακώσουν και να μυρίσουν, περίπου 10 λεπτά.

● Συνδυάστε όλα τα υλικά σε μια αργή κουζίνα. Ανακατέψτε καλά. Μαγειρέψτε σκεπασμένο σε χαμηλή θερμοκρασία για 1-2 ώρες ή μέχρι να λιώσει πλήρως το τυρί.

84. Ντιπ σκόρδου και μπέικον

ΣΥΣΤΑΤΙΚΑ

- 8 φέτες μπέικον χωρίς προσθήκη ζάχαρης
- 2 φλιτζάνια σπανάκι ψιλοκομμένο
- 1 (8 ουγκιές) συσκευασία τυρί κρέμα, μαλακωμένο
- 1/4 φλιτζάνι κρέμα γάλακτος πλήρης σε λιπαρά
- 1/4 φλιτζάνι απλό ελληνικό γιαούρτι πλήρες
- 2 κουταλιές της σούπας φρέσκο μαϊντανό ψιλοκομμένο
- 1 κουταλιά της σούπας χυμό λεμονιού
- 6 σκελίδες σκόρδο ψητές, πολτοποιημένες
- 1 κουταλάκι του γλυκού αλάτι
- 1/2 κουταλάκι του γλυκού μαύρο πιπέρι
- 1/2 φλιτζάνι τριμμένη παρμεζάνα

ΟΔΗΓΙΕΣ

- Προθερμάνετε το φούρνο στους 350°F.
- Βράζουμε το μπέικον σε μέτρια κατσαρόλα σε μέτρια φωτιά μέχρι να γίνει τραγανό. Βγάζουμε το μπέικον από το τηγάνι και το αφήνουμε στην άκρη σε πιατέλα στρωμένη με απορροφητικό χαρτί.
- Προσθέστε το σπανάκι σε ζεστό τηγάνι και μαγειρέψτε μέχρι να μαραθεί. Αποσύρουμε από τη φωτιά και αφήνουμε στην άκρη.
- Σε ένα μεσαίο μπολ, προσθέστε το τυρί κρέμα, την κρέμα γάλακτος, το γιαούρτι, τον μαϊντανό, το χυμό λεμονιού, το σκόρδο, το αλάτι και το πιπέρι και χτυπήστε με ένα μίξερ χειρός μέχρι να ενωθούν.
- Ψιλοκόβουμε το μπέικον και ανακατεύουμε στο μείγμα του τυριού κρέμα. Ανακατεύουμε με το σπανάκι και την παρμεζάνα.
- Μεταφέρετε σε ένα ταψί 8" × 8" και ψήστε για 30 λεπτά ή μέχρι να ζεσταθεί και να αφρατέψει.

85. Ντιπ πέστο με κρεμώδες κατσικίσιο τυρί

ΣΥΣΤΑΤΙΚΑ

● 2 φλιτζάνια συσκευασμένα φύλλα φρέσκου βασιλικού

● ½ φλιτζάνι τριμμένη παρμεζάνα

● 8 ουγγιές κατσικίσιο τυρί

● 1 -2 κουταλάκια του γλυκού ψιλοκομμένο σκόρδο

● ½ κουταλάκι του γλυκού αλάτι

● ½ φλιτζάνι ελαιόλαδο

ΟΔΗΓΙΕΣ

● Ανακατέψτε τον βασιλικό, τα τυριά, το σκόρδο και το αλάτι σε έναν επεξεργαστή τροφίμων ή στο μπλέντερ μέχρι να ομογενοποιηθούν. Προσθέστε το ελαιόλαδο σε ομοιόμορφη ροή και ανακατέψτε μέχρι να ενωθούν.

● Σερβίρουμε αμέσως ή φυλάμε στο ψυγείο.

86. Ζεστή πίτσα Super dip

ΣΥΣΤΑΤΙΚΑ

- Μαλακωμένο τυρί κρέμα
- Μαγιονέζα
- Τυρί μοτσαρέλα
- Βασιλικός
- Ρίγανη
- Σκόνη σκόρδου
- Πεπερόνι
- Μαύρες ελιές
- Πράσινες πιπεριές

ΟΔΗΓΙΕΣ

a) Ανακατέψτε το μαλακωμένο τυρί κρέμα, τη μαγιονέζα και λίγο τυρί μοτσαρέλα. Προσθέτουμε λίγο βασιλικό, ρίγανη, μαϊντανό και σκόρδο σε σκόνη, ανακατεύουμε μέχρι να ομογενοποιηθούν.

b) Γεμίστε το στο βαθύ πιάτο πίτας σας και απλώστε το σε μια ομοιόμορφη στρώση.

c) Απλώστε τη σάλτσα πίτσας σας από πάνω και προσθέστε τα γαρνιτούρα που προτιμάτε. Για αυτό το παράδειγμα, θα προσθέσουμε τυρί μοτσαρέλα, μαύρες ελιές πεπερόνι και πράσινες πιπεριές. Ψήνουμε στους 350 για 20 λεπτά.

87. Ντιπ ψημένο σπανάκι και αγκινάρα

ΣΥΣΤΑΤΙΚΑ

a) 14 ουγκιές κονσέρβα καρδιές αγκινάρας χωρίς μαρινάρισμα, στραγγισμένες και χοντροκομμένες

b) 10 oz κατεψυγμένο ψιλοκομμένο σπανάκι αποψυγμένο

c) 1 φλιτζάνι αληθινή μαγιονέζα

d) 1 φλιτζάνι τριμμένη παρμεζάνα

e) 1 σκελίδα σκόρδο πιεσμένη

ΟΔΗΓΙΕΣ

● Ξεπαγώστε το κατεψυγμένο σπανάκι και στη συνέχεια στύψτε το με τα χέρια σας.

● Ανακατεύουμε: στραγγισμένη και ψιλοκομμένη αγκινάρα, στυμμένο σπανάκι, 1 φλιτζάνι μαγιονέζα, 3/4 φλιτζάνι τυρί παρμεζάνα, 1 πατημένη σκελίδα σκόρδο και μεταφέρουμε σε κατσαρόλα 1 τετάρτου ή πιάτο για πίτα. Πασπαλίζουμε με το υπόλοιπο 1/4 φλιτζάνι τυρί παρμεζάνα.

● Ψήνουμε ακάλυπτα για 25 λεπτά στους 350°F ή μέχρι να ζεσταθούν. Σερβίρετε με τα αγαπημένα σας κροστίνι, πατατάκια ή κράκερ.

88. Ντιπ αγκινάρας

KANEI8

ΣΥΣΤΑΤΙΚΑ
- 2 φλιτζάνια καρδιές αγκινάρας, ψιλοκομμένες
- 1 φλιτζάνι μαγιονέζα ή ελαφριά μαγιονέζα
- 1 φλιτζάνι τριμμένη παρμεζάνα

ΟΔΗΓΙΕΣ
a) Ανακατεύουμε όλα τα υλικά και τοποθετούμε το μείγμα σε λαδωμένο ταψί. Ψήνουμε για 30 λεπτά στους 350 °F.

b) Ψήνουμε το ντιπ μέχρι να ροδίσει ελαφρά και να αφρίσει από πάνω.

89. Κρεμώδες ντιπ αγκινάρας

ΣΥΣΤΑΤΙΚΑ

90. 2 x 8 oz. συσκευασίες τυριού κρέμα, θερμοκρασία δωματίου
91. 1/3 φλιτζάνι κρέμα γάλακτος
92. 1/4 φλιτζάνι μαγιονέζα
93. 1 κουταλιά της σούπας χυμό λεμονιού
94. 1 κουταλιά της σούπας μουστάρδα Dijon
95. 1 σκελίδα σκόρδο
96. 1 κουταλάκι του γλυκού σάλτσα Worcestershire
97. 1/2 κουταλάκι του γλυκού σάλτσα καυτερής πιπεριάς
98. 3 x 6 oz. βάζα μαριναρισμένες καρδιές αγκινάρας, στραγγισμένες και ψιλοκομμένες
99. 1 φλιτζάνι τριμμένο τυρί μοτσαρέλα
100. 3 κρεμμυδάκια
101. 2 κουταλάκια του γλυκού jalapeño ψιλοκομμένο

ΟΔΗΓΙΕΣ

● Χρησιμοποιώντας ένα ηλεκτρικό μίξερ χτυπήστε τα πρώτα 8 ΥΛΙΚΑ σε ένα μεγάλο μπολ μέχρι να ομογενοποιηθούν. Διπλώστε αγκινάρες, μοτσαρέλα, κρεμμύδια και jalapeño.

● Μεταφέρετε σε ταψί.

● Προθερμάνετε το φούρνο στους 400 °F.

● Ψήστε μέχρι να φουσκώσει και να ροδίσει από πάνω — περίπου 20 λεπτά.

90. Ντιπ με άνηθο & κρέμα τυριού

Κάνει: 4 έως 6 μερίδες

ΣΥΣΤΑΤΙΚΑ
- 1 φλιτζάνι απλό γιαούρτι σόγιας
- 4 ουγγιές τυρί κρέμα
- 1 κουταλιά της σούπας χυμό λεμονιού
- 2 κουταλιές της σούπας ξερό σχοινόπρασο
- 2 κουταλιές της σούπας ξερό ζιζάνιο άνηθου
- 1/2 κουταλάκι του γλυκού θαλασσινό αλάτι
- Πιπέρι παύλα

ΟΔΗΓΙΕΣ
a) Ανακατεύουμε τα πάντα και βάζουμε στο ψυγείο για τουλάχιστον μία ώρα.

ΘΡΕΨΗ:Θερμίδες 120| Λιπαρά 9g (Κορεσμένα 2g) | Χοληστερόλη 0mg| Νάτριο 435 mg| Υδατάνθρακες 9g| Διαιτητικές ίνες 1g| Πρωτεΐνη 3 γρ.

91. Άγριο ρύζι και ντιπ τσίλι

Κάνει: 4 έως 6 μερίδες

ΣΥΣΤΑΤΙΚΑ

- 12 ουγγιές μαγειρεμένες φακές
- 1/4 φλιτζάνι ζωμό λαχανικών χωρίς μαγιά
- 1/4 φλιτζάνι ψιλοκομμένη πράσινη πιπεριά
- 1/2 σκελίδα σκόρδο, πιεσμένη
- 1 φλιτζάνι ντομάτες κομμένες σε κύβους
- 1/4 φλιτζάνι κρεμμύδι ψιλοκομμένο
- 2 ουγγιές τυρί κρέμα
- 1/2 κουταλιά της σούπας τσίλι σε σκόνη
- 1/2 κουταλάκι του γλυκού κύμινο
- 1/4 κουταλάκι του γλυκού θαλασσινό αλάτι
- Πάπρικα παύλα
- 1/2 φλιτζάνι μαγειρεμένο άγριο ρύζι

ΟΔΗΓΙΕΣ

a)   Σε μια μικρή κατσαρόλα βράζουμε τις φακές και το ζωμό λαχανικών.

b)   Προσθέστε τα κρεμμύδια, την πιπεριά, το σκόρδο και τις ντομάτες και μαγειρέψτε για 8 λεπτά σε μέτρια φωτιά.

c)   Σε ένα μπλέντερ, ανακατεύουμε το τυρί κρέμα, τη σκόνη τσίλι, το κύμινο και το θαλασσινό αλάτι μέχρι να ομογενοποιηθούν.

d)   Συνδυάστε το ρύζι, το μείγμα τυριών κρέμας και το μείγμα λαχανικών φακών σε ένα μεγάλο μπολ και ανακατέψτε καλά.

92. Πικάντικο ντιπ κολοκύθας & κρέμα τυριού

Κάνει: 4 έως 6 μερίδες

ΣΥΣΤΑΤΙΚΑ
- 8 ουγγιές τυρί κρέμα
- 15 ουγγιές κονσέρβας κολοκύθας χωρίς ζάχαρη
- 1 κουταλάκι του γλυκού κανέλα
- 1/4 κουταλάκι του γλυκού μπαχάρι
- 1/4 κουταλάκι του γλυκού μοσχοκάρυδο
- 10 πεκάν, θρυμματισμένα

ΟΔΗΓΙΕΣ
a)   Χτυπάμε στο μίξερ το τυρί κρέμα και την κονσέρβα κολοκύθας μέχρι να γίνουν κρέμα.

b)   Ανακατέψτε την κανέλα, το μπαχάρι, το μοσχοκάρυδο και τα πεκάν μέχρι να ενωθούν καλά. Πριν το σερβίρετε, το αφήνετε να κρυώσει για μία ώρα στο ψυγείο.

93. Ντιπ με τυρί κρέμα και μέλι

Φτιάχνει: 2 μερίδες

ΣΥΣΤΑΤΙΚΑ
- 2 ουγγιές τυρί κρέμα
- 2 κουταλιές της σούπας μέλι
- 1/4 φλιτζάνι στυμμένο χυμό πορτοκαλιού
- 1/2 κουταλάκι του γλυκού αλεσμένη κανέλα

ΟΔΗΓΙΕΣ
α) Ανακατέψτε τα πάντα μέχρι να ομογενοποιηθούν.

94. Κρεμώδες ντιπ σπανάκι-ταχίνι

Γίνεται περίπου 1 φλ

ΣΥΣΤΑΤΙΚΑ
- 1 (10 ουγκιές) συσκευασία φρέσκο baby σπανάκι
- 1 με 2 σκελίδες σκόρδο
- 1/2 κουταλάκι του γλυκού αλάτι
- 1/3 φλιτζάνι ταχίνι (σουσάμι)
- Χυμό από 1 λεμόνι
- Καγιέν αλεσμένο
- 2 κουταλάκια του γλυκού καβουρδισμένο σουσάμι, για γαρνίρισμα

ΟΔΗΓΙΕΣ
- Αχνίζουμε ελαφρά το σπανάκι μέχρι να μαραθεί, περίπου 3 λεπτά. Στύψτε το και αφήστε το στην άκρη.
- Σε έναν επεξεργαστή τροφίμων, επεξεργάζεστε το σκόρδο και το αλάτι μέχρι να ψιλοκόψετε. Προσθέστε το σπανάκι στον ατμό, το ταχίνι, το χυμό λεμονιού και το καγιέν για γεύση.
- Επεξεργάζεστε μέχρι να αναμειχθούν καλά και να γευτούν, προσαρμόζοντας τα καρυκεύματα αν χρειάζεται.
- Μεταφέρετε το ντιπ σε ένα μεσαίο μπολ και πασπαλίζετε με το σουσάμι. Εάν δεν το χρησιμοποιήσετε αμέσως, καλύψτε και βάλτε το στο ψυγείο μέχρι να χρειαστεί.
- Εάν αποθηκευτεί σωστά, θα διατηρηθεί έως και 3 ημέρες.

95. Σάλτσα εμβάπτισης βερίκοκων και Χιλής

Γίνεται περίπου 1 φλ

ΣΥΣΤΑΤΙΚΑ

- 4 αποξηραμένα βερίκοκα
- 1/2 φλιτζάνι χυμό από λευκό σταφύλι ή χυμό μήλου
- 1/2 κουταλάκι του γλυκού ασιατική πάστα τσίλι
- 1/2 κουταλάκι του γλυκού τριμμένο φρέσκο τζίντζερ
- 1 κουταλιά της σούπας σάλτσα σόγιας
- 1 κουταλιά της σούπας ξύδι ρυζιού

ΟΔΗΓΙΕΣ

- Σε μια μικρή κατσαρόλα, ανακατεύουμε τα βερίκοκα και το χυμό σταφυλιού και ζεσταίνουμε μέχρι να βράσουν. Αποσύρουμε από τη φωτιά και αφήνουμε στην άκρη για 10 λεπτά για να μαλακώσουν τα βερίκοκα.

- Μεταφέρετε το μείγμα του βερίκοκου σε ένα μπλέντερ ή επεξεργαστή τροφίμων και το επεξεργαστείτε μέχρι να ομογενοποιηθεί. Προσθέστε την πάστα τσίλι, το τζίντζερ, τη σάλτσα σόγιας και το ξύδι και επεξεργαστείτε μέχρι να ομογενοποιηθούν. Δοκιμάστε, προσαρμόζοντας τα καρυκεύματα αν χρειάζεται.

- Μεταφέρετε σε ένα μικρό μπολ. Εάν δεν το χρησιμοποιήσετε αμέσως, καλύψτε και βάλτε το στο ψυγείο μέχρι να χρειαστεί.

- Εάν αποθηκευτεί σωστά, η σάλτσα θα διατηρηθεί για 2 έως 3 ημέρες.

96. Ντιπ ψητής μελιτζάνας

Κατασκευάζει: 5 CUPS (1,19 L)

ΣΥΣΤΑΤΙΚΑ

● 3 μέτριες μελιτζάνες με φλούδα (η μεγάλη, στρογγυλή, μοβ ποικιλία)
● 2 κουταλιές της σούπας λάδι
● 1 γεμάτη κουταλάκι του γλυκού σπόροι κύμινου
● 1 κουταλάκι του γλυκού αλεσμένο κόλιανδρο
● 1 κουταλάκι του γλυκού κουρκουμά σε σκόνη
● 1 μεγάλο κίτρινο ή κόκκινο κρεμμύδι, ξεφλουδισμένο και κομμένο σε κύβους
● 1 (2 ίντσες [5 εκ.]) κομμάτι ρίζα τζίντζερ, ξεφλουδισμένη και τριμμένη ή ψιλοκομμένη
● 8 σκελίδες σκόρδο, ξεφλουδισμένες και τριμμένες ή ψιλοκομμένες
● 2 μέτριες ντομάτες, ξεφλουδισμένες (αν είναι δυνατόν) και κομμένες σε κύβους
● 1–4 πράσινα ταϊλανδέζικα, σεράνο ή καγιέν τσίλι, ψιλοκομμένα
● 1 κουταλάκι του γλυκού κόκκινη σκόνη τσίλι ή καγιέν
● 1 κουταλιά της σούπας χοντρό θαλασσινό αλάτι

ΟΔΗΓΙΕΣ

a) Τοποθετήστε μια σχάρα φούρνου στη δεύτερη ψηλότερη θέση. Προθερμάνετε το κοτόπουλα κρεατοπαραγωγής στους 500°F (260°C). Στρώστε ένα ταψί με αλουμινόχαρτο για να αποφύγετε το χάος αργότερα.

b) Ανοίξτε τρύπες στη μελιτζάνα με ένα πιρούνι (για να απελευθερωθεί ο ατμός) και τοποθετήστε τις στο ταψί. Ψήνουμε για 30 λεπτά, γυρνώντας μια φορά. Το δέρμα θα απανθρακωθεί και θα καεί σε ορισμένες περιοχές όταν τελειώσουν. Βγάζουμε το ταψί από το φούρνο και αφήνουμε τη μελιτζάνα να κρυώσει για τουλάχιστον 15 λεπτά. Με ένα κοφτερό μαχαίρι, κόβουμε ένα σχίσιμο κατά μήκος από τη μια άκρη της κάθε μελιτζάνας στην άλλη και την ανοίγουμε ελαφρά. Βγάλτε τη ψημένη σάρκα από μέσα, προσέχοντας να αποφύγετε τον ατμό και να σώσετε όσο το δυνατόν περισσότερο χυμό. Τοποθετήστε τη ψητή σάρκα μελιτζάνας σε ένα μπολ—θα έχετε περίπου 4 φλιτζάνια (948 mL).

c) Σε ένα βαθύ, βαρύ τηγάνι ζεσταίνουμε το λάδι σε μέτρια προς δυνατή φωτιά.

d) Προσθέστε το κύμινο και μαγειρέψτε μέχρι να ροδίσει, περίπου 30 δευτερόλεπτα.

e) Προσθέστε τον κόλιανδρο και τον κουρκουμά. Ανακατεύουμε και μαγειρεύουμε για 30 δευτερόλεπτα.

f) Προσθέστε το κρεμμύδι και ροδίστε για 2 λεπτά.

g) Προσθέστε τη ρίζα τζίντζερ και το σκόρδο και μαγειρέψτε για άλλα 2 λεπτά.

h) Προσθέστε τις ντομάτες και τα τσίλι. Μαγειρέψτε για 3 λεπτά, μέχρι να μαλακώσει το μείγμα.

i) Προσθέστε τη σάρκα από τις ψητές μελιτζάνες και μαγειρέψτε για άλλα 5 λεπτά, ανακατεύοντας κατά διαστήματα για να μην κολλήσει.

j) Προσθέστε την κόκκινη σκόνη τσίλι και το αλάτι. Σε αυτό το σημείο, θα πρέπει επίσης να αφαιρέσετε και να πετάξετε τυχόν αδέσποτα κομμάτια απανθρακωμένης μελιτζάνας.

k) Ανακατέψτε αυτό το μείγμα χρησιμοποιώντας ένα μπλέντερ εμβάπτισης ή σε ένα ξεχωριστό μπλέντερ. Μην το παρακάνετε — θα πρέπει να υπάρχει ακόμα κάποια υφή. Σερβίρετε με φρυγανισμένες φέτες naan, κράκερ ή τσιπς τορτίγιας. Μπορείτε επίσης να το σερβίρετε παραδοσιακά με ένα ινδικό γεύμα από roti, φακές και raita.

97. Ραπανάκι Microgreen & Lime Dip

ΣΥΣΤΑΤΙΚΑ

- 4 ουγκιές μικροπράσινα ραπανάκι
- 2 ουγκιές κόλιανδρο
- 8 oz κρέμα γάλακτος
- 1 κουταλιά της σούπας κίτρινο κρεμμύδι, τριμμένο
- 1 μικρή σκελίδα σκόρδο, τριμμένη
- 2 κουταλιές της σούπας χυμό λάιμ ή κατά βούληση
- αλάτι για γεύση
- νιφάδες κόκκινης πιπεριάς για γεύση

ΟΔΗΓΙΕΣ

- Σε ένα μπλέντερ, ανακατεύουμε τα μικροπράσινα, τον κόλιανδρο (τους μίσχους και όλα), το κρεμμύδι, το σκόρδο και την κρέμα γάλακτος μέχρι να ομογενοποιηθούν.

- Καρυκεύστε με χυμό λάιμ, αλάτι και μια πρέζα νιφάδες κόκκινου πιπεριού. Σερβίρετε με πατατάκια, λαχανικά, ψητά κρέατα και άλλα συνοδευτικά.

98. Mango-Ponzu Dipping Sauce

Κάνει περίπου 11⁄4 φλ

ΣΥΣΤΑΤΙΚΑ
d) 1 φλιτζάνι ώριμο μάνγκο σε κύβους
e) 1 κουταλιά της σούπας σάλτσα ponzu
f) 1⁄4 κουταλάκι του γλυκού ασιατική πάστα τσίλι
g) 1⁄4 κουταλάκι του γλυκού ζάχαρη
h) 2 κουταλιές της σούπας νερό, συν περισσότερο αν χρειαστεί

ΟΔΗΓΙΕΣ
● Σε ένα μπλέντερ ή στον επεξεργαστή τροφίμων, ανακατεύουμε όλα τα υλικά και ανακατεύουμε μέχρι να ομογενοποιηθούν, προσθέτοντας άλλη μια κουταλιά της σούπας νερό αν θέλουμε πιο αραιή σάλτσα.
● Μεταφέρετε σε ένα μικρό μπολ. Σερβίρουμε αμέσως ή σκεπάζουμε και βάζουμε στο ψυγείο μέχρι να είναι έτοιμο για χρήση. Αυτή η σάλτσα χρησιμοποιείται καλύτερα την ίδια μέρα που φτιάχνεται.

99. Επάλειψη μελιτζάνας καρυδιάς

Κάνει περίπου 21/2 φλ

ΣΥΣΤΑΤΙΚΑ

- 2 κουταλιές της σούπας ελαιόλαδο
- 1 μικρό κρεμμύδι, ψιλοκομμένο
- 1 μικρή μελιτζάνα, καθαρισμένη και κομμένη σε κύβους 1/2 ίντσας
- 2 σκελίδες σκόρδο, ψιλοκομμένες
- 1/2 κουταλάκι του γλυκού αλάτι
- 1/8 κουταλάκι του γλυκού αλεσμένο καγιέν
- 1/2 φλιτζάνι καρύδια ψιλοκομμένα
- 1 κουταλιά της σούπας φρέσκος βασιλικός κιμάς
- 2 κουταλιές της σούπας vegan μαγιονέζα
- 2 κουταλιές της σούπας φρέσκο μαϊντανό ψιλοκομμένο, για γαρνίρισμα

ΟΔΗΓΙΕΣ

a) Σε ένα μεγάλο τηγάνι ζεσταίνουμε το λάδι σε μέτρια φωτιά. Προσθέστε το κρεμμύδι, τη μελιτζάνα, το σκόρδο, το αλάτι και το καγιέν. Καλύψτε και μαγειρέψτε μέχρι να μαλακώσουν, περίπου 15 λεπτά. Ρίχνουμε τα καρύδια και τον βασιλικό και τα αφήνουμε στην άκρη να κρυώσουν.

b) Μεταφέρετε το κρύο μείγμα μελιτζάνας σε έναν επεξεργαστή τροφίμων. Προσθέστε τη μαγιονέζα και επεξεργαστείτε μέχρι να ομογενοποιηθεί. Δοκιμάζουμε, προσαρμόζοντας τα καρυκεύματα αν χρειάζεται και μετά μεταφέρουμε σε ένα μεσαίο μπολ και γαρνίρουμε με τον μαϊντανό.

c) Εάν δεν το χρησιμοποιήσετε αμέσως, καλύψτε και βάλτε το στο ψυγείο μέχρι να χρειαστεί.

d) Εάν αποθηκευτεί σωστά, θα διατηρηθεί έως και 3 ημέρες.

100. <u>Αυθεντικό ντιπ σπανακιού με ψητό σκόρδο</u>

Κάνει περίπου 21/2 φλ

ΣΥΣΤΑΤΙΚΑ

- 5 με 7 σκελίδες σκόρδο
- 1 (10 ουγγιές) συσκευασία κατεψυγμένο ψιλοκομμένο σπανάκι, αποψυγμένο
- 1/2 φλιτζάνι vegan μαγιονέζα, σπιτική (βλέπε Vegan μαγιονέζα) ή αγορασμένη από το κατάστημα
- 1/2 φλιτζάνι vegan κρέμα γάλακτος, σπιτική (βλ. Tofu Sour Cream) ή αγορασμένη από το κατάστημα
- 2 κουταλάκια του γλυκού φρέσκο χυμό λάιμ
- 1/4 φλιτζάνι φρέσκα κρεμμυδάκια ψιλοκομμένα
- 1/4 φλιτζάνι καρότο τριμμένο
- 2 κουταλιές της σούπας ψιλοκομμένο φρέσκο κόλιαντρο ή μαϊντανό
- 1/2 κουταλάκι του γλυκού αλάτι σέλινο
- Αλάτι και φρεσκοτριμμένο μαύρο πιπέρι

ΟΔΗΓΙΕΣ

a) Προθερμάνετε το φούρνο στους 350° F. Ψήστε το σκόρδο σε ένα μικρό ταψί μέχρι να ροδίσει, για 12 έως 15 λεπτά. Πιέστε ή θρυμματίστε το ψητό σκόρδο και πολτοποιήστε μέχρι να γίνει πάστα. Αφήνω στην άκρη.

b) Όσο ψήνεται το σκόρδο, βράζετε στον ατμό το σπανάκι μέχρι να μαλακώσει, για 5 λεπτά. Στύψτε τα και ψιλοκόψτε. Αφήνω στην άκρη.

c) Σε ένα μεσαίο μπολ, συνδυάστε τη μαγιονέζα, την κρέμα γάλακτος, το χυμό λάιμ και το ψητό σκόρδο. Ανακατεύουμε να ενωθούν. Προσθέστε τα πράσινα κρεμμυδάκια, το καρότο και τον κόλιαντρο. Προσθέστε το σπανάκι στον ατμό και αλατοπιπερώστε το σέλινο για γεύση. Ανακατέψτε καλά. Ψύξτε τουλάχιστον 1 ώρα πριν το σερβίρετε για να ενταθούν οι γεύσεις. Εάν δεν το χρησιμοποιήσετε αμέσως, καλύψτε και βάλτε το στο ψυγείο. Εάν αποθηκευτεί σωστά, θα διατηρηθεί έως και 3 ημέρες.

ΣΥΜΠΕΡΑΣΜΑ

Το Nacho είναι ένα ευέλικτο και νόστιμο πιάτο που μπορεί να απολαύσει όλοι. Είτε είστε χορτοφάγος είτε λάτρης του κρέατος, υπάρχει μια συνταγή νάτσο για όλους. Έτσι, την επόμενη φορά που θα έχετε διάθεση για ένα σνακ, φτιάξτε μια παρτίδα νάτσος και απολαύστε τον τέλειο συνδυασμό από τραγανά πατατάκια, λιωμένο τυρί και γευστικές επικαλύψεις.

Milton Keynes UK
Ingram Content Group UK Ltd.
UKHW020627130923
428592UK00014B/539